◎ 广西壮族自治区科技智库成果（广西资源环境科技创新与绿色低碳发展研究智库）

◎ 广西高校人文社会科学重点研究基地成果（广西碳管理与绿色发展研究院）

◎ 广西科技发展战略研究专项课题"广西引领性区域创新高地的识别与培育路径及对策研究"(桂科ZL220664012)

王兴中　李彩云　苏相丁

——著

广西引领性区域创新高地建设研究

Research on the Construction of
Leading Regional Innovation Highlands in Guangxi

经济管理出版社
ECONOMY & MANAGEMENT PUBLISHING HOUSE

图书在版编目（CIP）数据

广西引领性区域创新高地建设研究 ／ 王兴中，李彩云，苏相丁著. -- 北京 ：经济管理出版社，2025. 4.

ISBN 978-7-5243-0291-9

Ⅰ. F127.67

中国国家版本馆 CIP 数据核字第 20256JM403 号

组稿编辑：郭　飞
责任编辑：郭　飞
责任印制：许　艳
责任校对：陈　颖

出版发行：经济管理出版社
　　　　　（北京市海淀区北蜂窝 8 号中雅大厦 A 座 11 层　100038）
网　　址：www. E-mp. com. cn
电　　话：（010）51915602
印　　刷：唐山玺诚印务有限公司
经　　销：新华书店
开　　本：720mm×1000mm/16
印　　张：14.75
字　　数：227 千字
版　　次：2025 年 7 月第 1 版　　2025 年 7 月第 1 次印刷
书　　号：ISBN 978-7-5243-0291-9
定　　价：88.00 元

目　录

第一章　引领性区域创新高地的相关理论及文献综述

第一节　区域创新高地的相关概念

一、创新园区

（一）高新技术开发区

高新技术开发区（High-Tech Industrial Development Zone）（以下简称高新区）起源于1951年由美国斯坦福大学在美国加利福尼亚州的圣塔克拉拉谷（Santa Clara Valley）创建的斯坦福科技园。斯坦福科技园比美国之前所有工业园更为倚重技术创新，实现了科学研究和工业生产之间的紧密结合，并逐步发展成为赫赫有名的"硅谷"（Silicon Valley）。硅谷这种实现科学研究、工业生产和商业贸易紧密结合并取得巨大成功的模式，逐步得到了世界范围内的广泛认同，促进世界各国从20世纪70年代开始兴起了在科技资源比较密集的大学或科研机构周围创建科技园区、推动高新技术产业发展的热潮，高新技术产业开发区在全球得到广泛发展。世界各地依照斯坦福科技园的模式创建的工业园区，在我国统称为高新技术产业开发区，但实际上世界上并没有一个统一的名称及划分标准来界定我们所谓的"高新区"。如科技园（Science Park）、技术园（Technology Park）、科学城（Science City）、研究园（Research Park）、高技术工业园（High-tech Industrial Park）等各种称谓，在不同的国家或地区均是类似"大学—政府—产业"硅谷模式的高新技术产业园区。

我国高新区的概念来源于 1988 年 5 月国务院批准的我国第一家高新区——北京市新技术产业开发试验区及其《北京市新技术产业开发试验区暂行条例》（国函〔1988〕74 号），北京市新技术产业开发试验区是以集中体现高新技术的电子信息产业为主导，集科研、开发、生产、经营、培训和服务于一体的综合性基地，目标是"促进科学技术和生产直接结合，科学技术和其他生产要素优化组合，推动技术、经济的发展"①。

1991 年 3 月，国务院发布的《国务院关于批准国家高新技术产业开发区和有关政策规定的通知》（国发〔1991〕12 号）明确在北京市新技术产业开发试验区的基础上，在各地已建立的高新技术产业开发区中批准设立 21 个国家高新技术产业开发区，以及 5 个分别设在经济技术开发区、经济特区内的园区也确定为国家高新技术产业开发区，明确提出了"国家高新技术产业开发区"的官方称谓（以下简称国家高新区）。1996 年 2 月发布的《国家高新技术产业开发区管理暂行办法》（国科发火字〔1996〕061 号）明确指出，国家高新技术产业开发区，是指经国务院批准的高新技术产业开发区。开发区的主要任务是促进高新技术与其他生产要素的优化组合，创办高新技术企业，运用高新技术改造传统产业，加速引进技术的消化、吸收和创新，推进高新技术成果的商品化、产业化、国际化。国家高新技术产业开发区应当成为我国高新技术产业化的基地，高新技术向传统产业扩散的辐射源，深化改革、对外开放的试验区，科技与

---

① 北京市新技术产业开发试验区暂行条例，中华人民共和国国务院公报，1988 年第 13 号（1988 年 6 月 25 日）。

经济密切结合的示范区，培育科技实业家、孵化高新技术企业的功能区，体现社会主义物质文明和精神文明的新型社区[①]。2005 年 1 月，国家科学技术部印发《国家高新技术产业开发区技术创新纲要》（国科发火字〔2005〕16 号），明确高新区"二次创业"发展战略下，国家高新区的发展目标是[②]：

高新技术研发、孵化和产业化的基地；

培育、造就高新技术企业和科技企业家的摇篮；

深化科技、经济体制改革与创新的试验区；

高新技术产业发展的密集区；

高新技术产品出口的重要基地；

改造和提升传统产业的技术辐射源。

2018 年 2 月，国务院批复湖北荆州、黄石大冶湖、潜江，广东湛江、茂名，云南楚雄，安徽淮南，重庆荣昌、永川，江西九江共青城、宜春丰城，湖南怀化 12 家高新技术产业园区升级为国家高新技术产业开发区，要求新设国家高新区"努力成为促进技术进步和增强自主创新能力的重要载体，成为带动区域经济结构调整和经济发展方式转变的强大引擎，成为抢占世界高新技术产业制高点的前沿阵地"[③]。可见，发展到中国特色社会主义的新时代，我国国家高新区的内涵，有了新的发展：内在功能上，促进技术进步、增强自主创新能力；外在作用上，带动区域经济结构调整和经济发展方式转变；战略目标上：抢占世界高新技术产业制高点。

党的二十大后，国务院先后批复安徽安庆、河南许昌、湖南宁乡、西藏拉萨、新疆阿克苏阿拉尔 5 个高新技术产业开发区升级为国家高新技术

---

① 国家高新技术产业开发区管理暂行办法［EB/OL］. http：//www. most. gov. cn/kjzc/gjkjzc/qyjsjb/201308/t20130823_108288. htm, 1996-02-09.

② 关于印发《国家高新技术产业开发区技术创新纲要》的通知［EB/OL］. http：//www. most. gov. cn/ztzl/jqzzcx/zzcxcxzzo/zzcxcxzz/zzcxgncxzz/200512/t20051230_27341. htm, 2005-01-13.

③ 资料来源：《国务院关于同意荆州高新技术产业园区升级为国家高新技术产业开发区的批复》。

产业开发区，我国国家高新技术产业开发区总数达 178 家，实现了 31 个省份的全覆盖。要求国家高新区优化配置创新资源，增强自主创新能力，加快突破重点领域关键核心技术，打造具有重要引领作用的创新高地；集聚一批战略科技人才、科技领军人才和创新团队，打造具有吸引力的人才高地；强化企业科技创新主体地位，提高科技成果转化和产业化水平，培育壮大高新技术企业和科技型中小微企业，推动创新链产业链资金链人才链深度融合，促进实体经济转型升级，打造具有优势特色的产业高地；改革完善管理体制和运行机制，理顺与所在行政区关系，实现开发区与行政区协调融合发展，推进政策先行先试，深化交流合作，打造富有活力的改革开放高地。创新高地、人才高地、产业高地、改革开放高地"四高地"建设，为国家高新区的建设发展指明了新的内涵①。

（二）农业高新技术产业示范区

农业高新技术产业示范区是农业科技园的一种高级形态，国家农业高新技术产业示范区在抢占现代农业科技制高点、引领带动现代农业发展、培育新型农业经营主体等方面发挥了重要作用。

我国农业高新技术产业示范区起源于 1997 年国务院批准建立的杨凌农业高新技术产业示范区，杨凌农业高新技术产业示范区纳入国家高新技术产业开发区序列（国函〔1997〕66 号）②。2015 年 11 月，国务院批复同意设立黄河三角洲农业高新技术产业示范区（国函〔2015〕188 号），要求黄河三角洲农业高新技术产业示范区深入实施创新驱动发展战略，努力成为促进农业科技进步和增强自主创新能力的重要载体，成为带动东部沿海地区农业经济结构调整和发展方式转变的强大引擎。国务院批复文件的要求，隐含了黄河三角洲农业高新技术产业示范区建设成为引领性创新高地的基本含义。2022 年 6 月，《山东省人民政府关于支持黄河三角洲国

---

① 国务院关于同意阿克苏阿拉尔高新技术产业开发区升级为国家高新技术产业开发区的批复［EB/OL］. https：//www.gov.cn/gongbao/2023/issue_10546/202306/content_6888956.html，2023-06-12.

② 国务院关于建立杨凌农业高新技术产业示范区及其实施方案的批复［EB/OL］. https：//www.gov.cn/zhengce/content/2010-11/12/content_5401.htm，1997-07-13.

家农业高新技术产业示范区高质量发展的意见》（鲁政字〔2022〕118号）① 发布，明确指出，到2025年把黄河三角洲农业高新技术产业示范区建设成为以盐碱地农业技术创新为引领的全国农业创新高地，明确了国家农业高新技术产业示范区作为引领性农业创新高地的建设目标。2018年1月，国务院办公厅印发《关于推进农业高新技术产业示范区建设发展的指导意见》（国办发〔2018〕4号）②，2018年9月印发《国家农业高新技术产业示范区建设工作指引》（国科发农〔2018〕150号）③，明确到2025年，在全国范围内建设一批国家农业高新技术产业示范区，打造现代农业创新高地、人才高地、产业高地。

2019年11月，国务院批复建设山西晋中、江苏南京两家国家农业高新技术产业示范区（国函〔2019〕113号、国函〔2019〕114号）；2022年4月，国务院批复同意建设吉林长春、黑龙江佳木斯、河南周口、内蒙古巴彦淖尔和新疆昌吉5家国家农业高新技术产业示范区（国函〔2022〕33号至国函〔2022〕37号）；这些国家农业高新技术产业示范区，基本均为国家农业科技园区升级而来，全面实施创新驱动发展战略和乡村振兴战略，着力建设如"长三角农业科技创新策源地""水稻产业科技创新引领区""全国生态农牧业科技创新发展引领区""具有国际影响力的棉花科技创新高地"等农业创新高地。2021年6月，广西壮族自治区人民政府办公厅印发《广西农业高新技术产业示范区建设工作指引》（桂政办发〔2021〕57号），明确以深化农业供给侧结构性改革为主线，以服务农业高质高效、乡村宜居宜业、农民富裕富足为主攻方向，加强要素资源集聚，创新发展模式，把农高区建设成为广西科技支撑乡村振兴引领区、农业供给侧结构性改革先行区和面向东盟的区域性"一带一路"农业科技

---

① 山东省人民政府关于支持黄河三角洲国家农业高新技术产业示范区高质量发展的意见 [EB/OL]. http：//www.shandong.gov.cn/art/2022/7/1/art_107851_119839.html，2022-07-01.

② 国务院办公厅关于推进农业高新技术产业示范区建设发展的指导意见 [EB/OL]. https：//www.gov.cn/zhengce/content/2018-01/29/content_5261728.htm，2018-01-29.

③ 科技部关于印发《国家农业高新技术产业示范区建设工作指引》的通知 [EB/OL]. https：//www.most.gov.cn/tztg/201809/t20180912_141754.html，2018-09-12.

合作试验区，最终形成以农高区为引擎、农业科技园区为支撑、其他重点农业科技创新平台为抓手的层次分明、布局合理、特色鲜明的现代农业科技创新体系①。2022 年 2 月，广西壮族自治区人民政府批复同意将广西扶绥农业科技园区建设为崇左自治区级农业高新技术产业示范区，广西首家自治区级农业高新技术产业示范区获批建设（桂政函〔2022〕15 号）。

（三）自主创新示范区

自主创新示范区（Indigenous Innovation Demonstration Zone）（以下简称自创区），建设国家自主创新示范区，是我国加快推进创新型国家建设、依靠自主创新实现科学发展的重要探索。我国的国家自主创新示范区（以下简称国家自创区）是指经国务院批准，在推进自主创新和高技术产业发展方面先行先试、探索经验、做出示范的区域。2009 年 3 月，国务院批复同意在我国首个国家级高新技术产业开发区——中关村科技园区建设我国首个国家自主创新示范区（国函〔2009〕28 号），提出将中关村科技园区建设成为"具有全球影响力的科技创新中心"②。至今国务院已批复在 21 个省份建设北京中关村（北京市）、武汉东湖（湖北省武汉市）、上海张江（上海市）、深圳（广东省深圳市）、苏南（江苏省南京市、苏州市、无锡市、常州市、镇江市）、长株潭（湖南省长沙市、株洲市、湘潭市）、天津（天津市）、成都（四川省成都市）、西安（陕西省西安市）、杭州（浙江省杭州市）、珠三角、郑洛新（河南省郑州市、洛阳市、新乡市）、山东半岛（山东省济南市、青岛市、淄博市、潍坊市、烟台市、威海市）、沈大（辽宁省沈阳市、大连市）、福厦泉（福建省福州市、厦门市、泉州市）、合芜蚌（安徽省合肥市、芜湖市、蚌埠市）、重庆（重庆市）、宁温（浙江省宁波市、温州市）、兰白（甘肃省兰州市、白银市）、乌昌石（新疆维吾尔自治区乌鲁木齐市、昌吉市、石河子市）、

---

① 广西农业高新技术产业示范区建设工作指引的通知［EB/OL］. http：//www.gxzf.gov.cn/html/zfwj/zxwj/P020221130566127099965.pdf，2021-06-28.

② 国务院关于同意支持中关村科技园区建设国家自主创新示范区的批复［EB/OL］. http：//www.gov.cn/zwgk/2009-03/06/content_1254317.htm，2009-03-06.

鄱阳湖（江西省南昌市、新余市、景德镇市、鹰潭市、抚州市、吉安市、赣州市）、长春（吉林省长春市）、哈大齐（黑龙江省哈尔滨市、齐齐哈尔市、大庆市）23个国家自主创新示范区，涵盖我国东部、中部、西部以及东北等各大地带，并覆盖了我国直辖市、省、自治区三种省级行政区。其中2018年11月底，国务院发布了《国务院关于同意乌鲁木齐、昌吉、石河子高新技术产业开发区建设国家自主创新示范区的批复》（国函〔2018〕145号），在我国5个少数民族自治区中是首个国家自主创新示范区被获批建设，也是目前唯一建设在自治区的国家自创区。

作为一种政策性区域，国家自主创新示范区的内涵、功能和建设内容是不断优化和与时俱进的，根据我国建设创新型国家的战略部署以及创新发展驱动的经济社会发展实际需要，国家自主创新示范区建设的主要内容大致可以归纳为：

（1）提升自主创新能力。集聚高端创新创业要素，提升持续创新基础能力，培育创新型企业，塑造创新主体新优势，构筑研发转化高地，全面提升区域自主创新能力。

（2）构建创新型产业体系。搭建产业创新发展平台，打造产业创新中心，形成创新型产业集群，建成高端产业集聚区，引领国家产业转型升级，构建具有全球竞争力的产业新体系。

（3）优化区域创新格局。统筹规划创新空间布局，完善创新一体化，推动全域协作，促进区域和城市群协同创新发展，形成协同高效的区域创新格局，推进形成完善的国家创新体系。

（4）推进开放创新与合作。推进技术转移和开放合作，扩大国际科技合作，搭建开放合作发展新平台，打造国际一流创新创业中心，优化"三跑并存"的开放创新格局。

（5）构建创新创业生态体系。完善科技服务体系，健全创新发展的政策支持体系，不断优化创新创业生态，营造创新友好环境。

（6）全面推进改革创新。全面深化改革，推进体制机制改革创新与政策先行先试，加快建立适应创新发展的体制机制，建成科技体制改革试验田。

可以说，优化区域创新格局、打造区域创新高地、全面提升区域创新体系整体效能是国家自创区建设的核心要义。例如，《国务院关于同意山东半岛国家高新区建设国家自主创新示范区的批复》（国函〔2016〕64号）提出，全面提升区域创新体系整体效能，打造具有全球影响力的海洋科技创新中心；《国务院关于同意乌鲁木齐、昌吉、石河子高新技术产业开发区建设国家自主创新示范区的批复》（国函〔2018〕145号）提出，打造丝绸之路经济带创新创业新高地，全面提升区域创新体系整体效能；《国务院关于同意南昌、新余、景德镇、鹰潭、抚州、吉安、赣州高新技术产业开发区建设国家自主创新示范区的批复》（国函〔2019〕77号）提出，打造长江经济带经济与生态联动发展的创新高地。

（四）农业科技园区

国家农业科技园区是我国促进农业区域经济发展，以市场为导向、以科技为支撑、以企业为主导的现代农业建设新模式。建设的主要目的在于集聚创新资源，培育农业农村发展新动能，着力拓展农村创新创业、成果展示示范、成果转化推广和职业农民培训的功能。自2000年以来，我国国家农业科技园区发展经历了试点建设（2001～2005年）、全面推进（2006～2011年）和创新发展（2012年至今）三个阶段。2001年7月，科技部印发《农业科技园区指南》与《农业科技园区管理办法（试行）》（国科发农社字〔2001〕229号），正式启动国家农业科技园区试点建设①。《农业科技园区指南》指出，农业科技园区是现代农业发展的新型模式，是农业技术组装集成的载体，是市场与农户连接的纽带，是现代农业科技的辐射源，是人才培养和技术培训的基地，对周边地区农业产业升级和农村经济发展起示范与推动作用。2007年5月，科学技术部等部门发布《关于印发十一五国家农业科技园区发展纲要的通知》（国科发农字〔2007〕284号），提出发挥园区的科技积聚作用、服务引领作用、

---

① 科学技术部关于印发《农业科技园区指南》与《农业科技园区管理办法（试行）》的通知[EB/OL]. https：//www.most.gov.cn/xxgk/xinxifenlei/fdzdgknr/fgzc/gfxwj/gfxwj2010before/200312/t20031209_143242. html，2001-07-06.

集成带动作用和扩散支撑作用①。2018 年 1 月，科技部等部门印发《国家农业科技园区管理办法》（国科发农〔2018〕31 号），明确国家农业科技园区是指由国家农业科技园区协调指导小组批准建设的国家级农业科技园区，要求把国家级农业科技园区建设成为现代农业创新驱动发展的高地。

2018 年 2 月，科技部等部门制定《国家农业科技园区发展规划（2018—2025 年）》（国科发农〔2018〕30 号），明确指出国家农业科技园区的发展目标之一是到 2025 年，把国家农业科技园区建设成为农业科技成果培育与转移转化的创新高地。自 2001 年以来，科技部先后开展了9 批国家农业科技园区试点，并对试点国家农业科技园区进行验收及综合评估。截至 2023 年底，获得验收通过的国家农业科技园区共 295 家，但北京房山、江西宜春、广东韶关、海南陵水、云南宣威、云南大理、陕西西咸、青海海南 8 家国家农业科技园区 2021 年12 月综合评估结果为"不达标"，进入整改阶段，有待再次评估确认是否保留。此外，山西太原、山东东营、黑龙江哈尔滨等国家农业科技园区 2019 年 11 月退出序列，宁夏银川、广西桂林等国家农业科技园区 2021 年 12 月取消国家农业科技园区资格，河南郑州国家农业科技园区 2023 年 1 月取消国家农业科技园区资格。总体上达到《国家农业科技园区发展规划（2018—2025 年）》所设定的到2020 年国家级农业科技园区达到 300 个的发展目标，到 2025 年将逐步把国家农业科技园区建设成为农业科技成果培育与转移转化的创新高地。

二、创新城区

（一）创新城区的基本概念

"创新城区"或"创新街区"（Innovation Districts）是空间中观尺度上的概念，由美国布鲁斯金政策研究机构（Brookings Institution）于 2014

---

① 关于印发"十一五"国家农业科技园区发展纲要的通知［EB/OL］. https：//www. most. gov. cn/xxgk/xinxifenlei/fdzdgknr/gjkjgh/200811/t20081129_65769. html，2007-05-25.

年在报告 *The Rise of Innovation Districts*：*A New Geography of Innovationin America*（《创新城区的崛起：美国创新地理的新趋势》）中正式提出。创新城区可理解为政府为促进城市创新驱动发展，根据地区特征和片区环境而划定的城市片区，是以创新为核心，依托科技、文化、产业等要素，打造具有创新驱动和创新生态的城市区域。创新城区的建设旨在打造具有创新驱动、产业集聚、人才培育和国际交流合作的创新生态系统，为经济转型升级和可持续发展提供支持，推动城市创新能力的提升和经济的发展。创新城区通常具备以下特点：

第一，基础设施完善：创新城区拥有高水平的基础设施，包括交通、通信、供电等，以满足创新活动的需求。同时，还包括配套设施，如创新创业孵化器、科技园区、共享办公空间等。

第二，创新资源集聚：创新城区汇聚了高等院校、科研机构、技术研发中心等创新资源，为创新活动提供了丰富的人才和技术支持。同时，还吸引了创新型企业和创业团队入驻，形成了创新产业的集聚效应。

第三，创新生态系统：创新城区注重构建创新生态系统，促进政府、企业、高校、研究机构等各方的合作与交流。通过建立创新联盟、科技交流会议等机制，促进创新要素的流动和创新成果的转化。

第四，政策支持：创新城区享受国家和地方政府提供的一系列支持政策，如税收优惠、资金扶持、科研项目评估等，以吸引更多的创新型企业和创业者入驻。

第五，国际交流与合作：创新城区积极开展国际科技交流与合作，吸引国际先进技术和创新资源。与国外的创新城区进行合作，共同推动创新发展，提升城区在全球创新领域的影响力。

（二）创新城区的典型形态："硅巷"

"硅巷"（Silicon Alley）是指在城市中类似于美国硅谷（Silicon Valley）的地区，是以科技产业和创新企业为主导的街区或区域。美国"硅巷"位于纽约曼哈顿，作为新兴的创新城区，集中了大量的科技公司、创业孵化器、科研机构和高等院校等创新要素，形成了一个独特的科技创新生态系统。以"硅巷"这一术语来表述某个城市或地区的科技创新中心，是突出该地区在科技创新领域的重要性和影响力。与硅谷类似，这些地区通常具备以下特点：

第一，创新企业集聚：这些地区聚集了大量的科技创新企业，包括初创公司、高科技企业、科研机构等。这些企业通常在技术、创新和市场领域具有竞争力，推动了该地区的科技创新和经济发展。

第二，科研机构和高等院校：这些地区拥有一流的科研机构和高等院校，为科技创新提供了强大的学术支持和人才培养。与企业之间的紧密合作和技术交流，促进了科技成果的转化和产业化。

第三，创新创业生态系统：这些地区注重打造创新创业生态系统，提供创新孵化器、加速器、投资和资金支持等服务，帮助初创和中小企业快速成长。同时，也提供创新资源共享、技术咨询和市场推广等支持，促进创新活动的开展。

第四，政策和税收优惠：为了吸引和支持科技创新企业，这些地区通常提供政策和税收优惠，如减免企业所得税、研发费用加计扣除等，以提供良好的创新创业环境。

第五，文化和生活氛围：这些地区通常具有浓厚的科技创新文化和生活氛围，吸引了大量的科技人才和创业者。同时，也提供丰富的文化娱乐设施和便利的生活配套，提高居住和工作的舒适度。

总的来说，"硅巷"代表了一个以科技创新为核心的地区，通过集聚创新要素和提供创新支持，推动了科技产业的发展和城市的经济转型，并对周边地区和全球科技创新产生积极影响。

三、创新城市与创新走廊

（一）创新型城市

创新型城市是指以创新为核心驱动力，依托科技、创意、人才和知识等要素，积极推动经济、社会和环境的可持续发展的城市。创新型城市注重创新能力的提升和创新生态系统的建设，旨在培育创新企业、吸引创意人才、推动科技研发和促进创新创业。创新型城市通常具备以下特点：

第一，知识经济：创新型城市以知识为基础，注重知识产权保护和知识创造、传播和应用。它通过培养高素质人才、推动科技研发和技术创新，实现经济结构的转型和升级。

第二，创新生态系统：创新型城市建设创新生态系统，将政府、企业、高校、科研机构和社会组织等各方力量有机结合起来。通过建立创新创业孵化器、科技园区、技术转移中心等创新载体，促进创新要素的流动和创新成果的转化。

第三，创新创业支持：创新型城市提供全方位的创新创业支持，包括政策扶持、资金支持、技术支持、市场推广等。它为创新企业和创业者提供孵化、加速、融资等一系列服务，帮助他们快速成长和壮大。

第四，数字化和智能化：创新型城市借助信息技术和智能化手段，推动城市数字化转型和智慧城市建设。通过推广互联网、大数据、人工智能等技术，提高城市管理和公共服务的效率和质量。

第五，可持续发展：创新型城市注重经济、社会和环境的可持续发展。它通过绿色技术和绿色产业的推广，实现资源的节约和环境的保护。同时，也注重社会公平和人民生活质量的提高。

第六，创新型城市的建设旨在推动城市经济转型升级和创新能力的提升，提供更好的创新创业环境和生活品质，吸引优秀的人才和创新企业，促进城市的繁荣和可持续发展。

（二）城市群创新一体化

城市群创新一体化是指在城市群范围内，通过加强城市之间的协作与合作，实现创新要素的流动和资源的共享，促进创新活动的开展和创新成果的转化。城市群创新一体化具有以下特点：

第一，创新资源整合：城市群创新一体化通过整合城市群内的创新资源，包括科研机构、高等院校、企业孵化器、科技园区等，实现资源共享和优势互补。这样可以提高创新能力和创新效率，推动创新成果的产生和转化。

第二，人才流动和合作：城市群创新一体化鼓励人才在城市群内的流动和合作。通过建立人才交流机制、创新人才培养计划等，吸引和留住优秀的创新人才，促进知识和经验的传递和交流。

第三，创新产业协同发展：城市群创新一体化鼓励城市群内的创新产业之间的协同发展。通过建立产业联盟、创新创业平台等，促进不同城市的创新企业之间的合作与互动，形成创新产业链和价值链。

第四，政策和法规协调：城市群创新一体化需要各城市之间的政策和法规的协调。通过制定统一的政策和法规，消除城市之间的壁垒和不协调因素，为创新活动提供良好的环境和条件。

第五，共享基础设施：城市群创新一体化通过共享基础设施，如研发中心、试验场所、科技服务平台等，降低创新成本，提高创新效率。这样可以为创新企业和创新项目提供更好的支持和便利。城市群创新一体化的目标是促进城市群内创新资源的集聚和创新能力的提升，推动城市群的经济发展和城市的转型升级。通过协同发展和合作创新，城市群可以形成更强大的创新能力和竞争力，为国家和地区的经济增长做出贡献。

（三）创新走廊

创新走廊是指连接不同城市或地区的一条地理区域，旨在促进创新活动和经济发展的走廊。它通过整合各地的创新资源、优势产业和创新要素，提供便利的创新创业环境，促进创新创业活动的开展和创新成果的转化。创新走廊通常具备以下特点：

第一，跨地区合作：创新走廊连接了不同城市或地区，促进了跨地区的合作与交流。各地通过共享创新资源、优势产业和人才，实现创新要素的流动和优势互补，提高创新能力和创新效率。

第二，创新创业生态系统：创新走廊建立了完善的创新创业生态系统，包括创新孵化器、科技园区、创新中心等。这些创新载体提供创新创业所需的基础设施、服务支持和资金支持，帮助创新企业和创业者快速成长。

第三，产业集聚和协同发展：创新走廊促进了不同地区的产业集聚和协同发展。通过引导和扶持优势产业的发展，形成产业链和价值链，提高产业竞争力和创新能力。

第四，政策和法规支持：创新走廊通常得到政府的政策和法规支持。政府制定相关政策和法规，为创新走廊的建设和发展提供支持和保障。这包括税收优惠、创新创业政策、知识产权保护等方面的支持。

第五，跨领域合作：创新走廊鼓励跨学科的合作与创新。通过学术界、产业界、政府部门和社会组织等各方的合作，推动不同领域的知识和经验的交流与共享，促进创新活动的开展。

随着城市群创新一体化的推进，多城跨区域创新合作可以发展成为类似于"硅谷"的"创新走廊"，通过建设"创新走廊"推动区域创新发展，国内典型的"创新走廊"如沪嘉杭 G60 科创走廊和广深港澳科技创新走廊，是我国创新高地"长三角""珠三角"的核心承载地。创新走廊的建设旨在推动区域经济的发展和创新能力的提升，促进创新创业和产业升级，为地区的经济增长和社会进步做出贡献。同时，创新走廊也有助于打破地区间的信息壁垒和合作障碍，促进区域协调发展和融合。

第二节　区域创新高地的相关理论

一、创新地理学

（一）理论阐述

创新地理学（Innovation Geography）是研究创新活动在地理空间上的分布和影响的学科领域。它关注创新的地理特征、创新过程中的地理因素以及创新对地理空间的影响和塑造。创新地理学的研究对于了解创新活动的地理特征、推动地区创新发展以及制定创新政策具有重要意义。它可以帮助政府和企业了解创新资源的分布和集聚，优化创新环境和创新政策，促进创新能力和创新产出的提升。同时，它也为地区规划和城市发展提供了理论和实践的指导。

（二）主要研究内容

创新地理学的研究内容主要包括以下几个方面：

第一，创新的地理分布：研究不同地区、城市或国家之间创新活动的地理分布特征。通过分析创新中心、创新聚集区和创新网络的形成和发展，揭示创新活动在地理空间上的集聚和分散规律。

第二，创新的地理因素：研究创新活动受地理因素的影响。这包括地理位置、交通网络、产业结构、人才集聚等地理因素对创新能力和创新产出的影响。通过分析这些因素，揭示地理环境对创新的促进或制约作用。

第三，创新的地理动力：研究创新活动的地理动力和地理演化过程。探讨创新过程中地理空间的变化和重构以及创新活动对地理环境的塑造和改变。这可以帮助理解创新与地理发展的相互作用关系。

第四，创新的区域发展：研究创新对地区经济和社会发展的影响。分析创新活动对区域产业结构、就业、人口迁移等方面的影响，探讨创新对地区竞争力和可持续发展的贡献。

二、区域创新理论

（一）理论阐述

区域创新理论是用来解释和分析区域内创新活动的理论框架。它旨在理解创新在地区内的发生、演化和影响，并提供指导地区创新政策和实践的参考。区域创新理论的研究对了解创新活动的地理特征、推动地区创新发展以及制定创新政策具有重要意义。它可以帮助政府和企业了解创新资源的分布和集聚、优化创新环境和创新政策、促进创新能力和创新产出的提升。同时，它也为地区规划和城市发展提供了理论和实践指导。主要关注点集中在创新的地理分布、地理因素、地理动力和区域发展等方面。

（二）常见的区域创新理论

区域创新理论主要提供了不同的视角和方法来理解和分析区域内的创

新活动，强调了创新的复杂性和多维性，需要综合考虑不同参与者和因素的作用，主要对指导地区创新政策和实践，促进地区创新能力和竞争力提升有着重要意义。常见的区域创新理论主要包括以下四个：

第一，创新系统理论（Innovation Systems Theory）：创新系统理论强调创新是一个系统性的过程，涉及各种参与者，包括企业、政府、高等教育机构、研究机构和社会组织等。该理论关注创新系统内各个组成部分之间的相互作用和协同效应，以及创新政策对创新系统的影响。

第二，区域创新系统理论（Regional Innovation Systems Theory）：区域创新系统理论强调地区作为创新的重要空间单元。它关注地区内创新要素的集聚和互动，包括企业、研究机构、教育机构和政府等。该理论认为地区内的创新网络和合作是推动创新的关键因素。

第三，知识经济理论（Knowledge Economy Theory）：知识经济理论认为知识是创新的核心要素，创新活动是知识经济的核心驱动力。它强调地区内的知识产出和知识流动对创新的重要性，以及创新对地区经济增长和发展的重要影响。

第四，创新生态系统理论（Innovation Ecosystem Theory）：创新生态系统理论强调创新活动的复杂性和多样性。它将创新看作一个生态系统，包括创新者、投资者、合作伙伴、政府和市场等各种参与者。该理论关注创新生态系统内各个参与者之间的互动和相互依赖关系。

（三）全域创新

全域创新一般指的是在城市区域内，以全面创新、协同创新为基础，通过对区域内创新资源和创新要素进行全方位整合、系统化配置的创新驱动新战略。全域创新的基本特征是开放、协同、共享和泛在，是全链条、全区域、全要素全社会的系统创新，是全行业、各部门、各种所有制企业集体参与的全面创新。作为创新驱动发展的新形态新理念新模型，全域创新是区域创新发展的战略制高点，将整体城市置于创新之中，让城市的各部门、各层级、各行业、各个群体均学习创新、支持鼓励创新，投身创新活动，造就全域支持创新、参与创新，人人均可创新，创新无处不在、无人不晓的宏大局面，举全域之力进行创新，让创新成为一种习惯和自觉，创新成为城市文化行为，创新基因植入城市体内、融进城市"血液"之中，成为城市的禀赋和特质。

全域创新是我国创新驱动发展战略背景下基于以全面创新、协同创新提出的新概念，典型的实践如杭州市 2016 年就开始积极构建全区域协同、全要素配置、全链条融合、全方位保障、全社会动员的全域创新格局（应瑛等，2017）。而形成空间全域覆盖、功能错位发展、优质资源集聚的全域创新发展格局是浙江省加快推进高水平创新型省份建设重要举措，推动了浙江省全域创新要素空间集聚由局部无序向局部空间相关的演进（张宓之等，2016）。在数字经济驱动下，全域创新生态的构建驱动创新型城市协同发展，局部创新突破带动浙江省创新型城市整体发展（黎晓春和常敏，2020）。

三、创新集群理论

创新集群是一种非线性的创新，通过创新资源的集聚，实现创新的非线性突破，创新集群思想渊源最早可以追溯到熊彼特对创新扩散的分析，创新在一定时期或一定行业呈现"集群"的趋势，这种"集群"对在世界经济范围内促成经济周期和"长波"的形成可能发挥作用。创新集群的概念最早是被罗森博格于 1984 年明确提出的，他认为创新的模仿和扩散过程中产生的"二次创新"是造成创新集群的重要原因，Porter（1990）、Todtling 和 Kaufmann（1999）、Asheim（2002）从不同角度论证了这一理论，创新在空间上有集聚分布特征，创新行为有集群优势。随后，OECD（1999，2001）把创新集群的研究重点转向"集群"，认为创新集群是具有创新特性的集群，并展开延伸性的研究。本书所阐述的创新高地便是创新地理学和创新集群理论所关注的地理空间发展形态，不仅是创新地理学所强调的地理临近性对创新的影响，也是创新集群理论所凸显的创新活动在特定地理区域内的集群现象与优势。

第三节 区内外研究现状及文献综述

一、区域创新与全域创新

（一）区域创新系统演化及省域创新体系

按照区域创新系统"区域边界"的界定（Cooke，1992），城市具有相对独立的区域创新系统，尤其是从我国行政区经济的发展现实来看。但同时从省市等行政区域层面来看，区域创新系统还具有层次性协同和超本地网络两个外延特征，是一个包含超本地网络的开放式区域创新体系。在区域创新系统的发展过程中，"创新扩散"和"知识溢出"是区域创新系统演化的主要机制，通过"组织学习"，将引起区域创新系统的持续变革。而根据技术生命周期理论，区域技术创新有可能完全按照现有的技术轨迹演化，也有可能表现出阶段跳跃式的演化过程。创新系统的初始状态及演化路径的不同是导致区域创新系统差异性的一个主要根源，初始状态对演化路径的选择具有重要的影响作用。"十四五"时期我国区域创新体系建设的总体方向是要建设一种高水平开放式区域协同创新体系，要建设一批带动能力强、辐射面广的科技创新中心，促进产业链与创新链协同升级，建立以国内循环为主、国内国际循环相互促进的国际创新合作模式。创新型省份建设作为我国创新型国家建设的重要环节，学者开展了如创新型广西在内的省域创新研究，针对省域创新系统进行具体研究。例如，广东省 21 个地级市的创新能力差距较为明显，珠三角城市创新优势明显，而粤东、粤北和粤西地区综合创新能力较弱、发展相对不平衡；科技创新发展效率的区域空间格局不协调，珠三角区域一枝独秀，粤东、粤西、粤北地区长期不佳；区域创新存在"马太效应"，创新资源向企业创新效率相对更高的深圳、广州等珠三角城市加速集聚，使其成为全省的创新高地。又如，浙江省创新网络空间格局整体上呈现出以杭州湾区城市为核心的"网络局部化、辐射中心化"特征，有清晰的等级层次；以杭州市市辖区为核心，宁波、温州、金华等为次核心的"中心—外围"结构越发凸显，浙西城市居于创新网络边缘。而改革开放以来的新疆区域创新系统经历了萌芽、过渡、构建与完善四个阶段的发展历程，从环境要素、创新主体、企业创新、结网程度四个方面来看，政府和市场协同驱动新疆区域创新系统逐步发展成熟：一是政府核心科技政策实时引导与政策创新的重要牵引力；二是创新系统开放与市场化深入的源动力。

（二）创新资源配置空间布局及全域创新

区域创新的集聚与产业集群的形成如影相随，产业集群成为创新活动的空间载体，而产业集群的真谛正是创新在空间上的集聚（王缉慈和朱凯，2018）。创新的空间布局，是创新资源配置的空间体现。政府科技发展规划及研发管理体制条块分割，使得创新资源存在低效配置，应优化空间布局。要实现创新资源的有效配置，必须进行整合，而市场、政府和社会是区域创新资源整合的三大驱动力量。我国区域间的创新能力存在较大的差异性，这就要求各区域（省域）根据自身条件构建科学合理的创新资源配置系统，以加快推进创新驱动发展战略。

二、创新功能区发展

（一）高新区及农高区

自 20 世纪 50 年代在美国兴起的高新技术产业开发区，是创新资源集聚和高新技术产业快速发展的地理空间，是推动区域科技实力乃至国家自主创新能力提升的关键引擎（解佳龙等，2016）。国家高新区已经成为新时代落实创新驱动发展战略、推动中国经济实现高质量发展的重要载体（袁航和朱承亮，2018）。整体上，高新区设立显著促进了城市高技术产业发展，但存在城市等级、高新区发展阶段等方面的异质性（司增绰和曹露玉，2023）。关于全球科技中心和创新高地及相关概念最早可追溯到英国学者关于"世界科学活动中心"的研究，在建设过程中信任的建立和行政管理的障碍对创新高地至关重要。而波士顿、伦敦、巴黎等城市，以及硅谷、以色列和中关村等典型的高新区发展成熟的地区可以认为是全球创新高地（王德禄，2014）。我国典型的可以发展为全国乃至全球创新高地的区域主要有滨海新区、雄安新区、中关村等。打造科技创新高地须加强规划引导和政策激励，统筹区域创新资源要素，强化制度供给（田文富，2017）、人才供给（孙锐和赵全军，2015）、资本赋能（武汉大学资本赋能大湾区创新发展研究课题组，2019）；需要变革高等教育组织结构（薛新龙等，2021），加快提升区域创新能力（毛明芳，2021），形成核心竞争力（李群，2020）。在我国创新驱动发展战略下，作为区域开发政策工具的高新区、农业科技园区等产业园区是创新功能区创新驱动发展示范区和高质量发展先行区，被赋予较强的创新功能，成为一种创新功能区。

（二）创新城区

创新功能在城市空间（尤其是城市建成区）的强化，促使在欧美发达国家率先出现一种新的产业园区——创新区或称为创新城区、创新街区（Innovation Districts）。与以往的产业园区突出产业发展不同，创新区强调学习、研究、创新和生产活动的汇集与交织，更加强调创新的开放与共享（王缉慈和朱凯，2018）。创新区作为有力承载国家创新驱动发展战略、大众创业万众创新和新型城镇化建设等创新驱动集聚发展的新空间载体，从区域科技创新的重要策源地、新兴特色产业的集聚高地、新型城市建设的引领示范载体、创新创业文化的核心空间载体四个层面为城市发展提供新动能（李海波和舒小林，2018）。国内创新城区以北京海淀城区、上海张江国家自主创新示范区、台湾新竹科技园区等发展较为成熟（吕拉昌和赵彩云，2021），创新区的持续发展，可以形成类似于美国纽约的硅巷（Silicon Alley）一样，以曼哈顿为中心、范围覆盖大都市区的科技创新高地（任俊宇，2018）。

三、城市创新与创新走廊

（一）城市创新

随着新时代中国建设创新型国家和走向高质量发展，国家创新体系从工业化创新体系不断向城市化创新体系演进（张鹏等，2020）。城市创新就成为知识经济发展的主要推动力量和最重要的标识（梁湖清等，2002），城市创新系统在聚集和扩散作用下会形成"城市创新圈"（隋映辉，2004），城市创新能力的区域性差异与城市创新要素投入和创新环境直接相关（谢科范和刘骅，2009）。中国创新城市体系空间格局存在五级塔型体系结构，其中省会城市及经济强劲的城市一般成为区域性的创新中心（吕拉昌和李勇，2010）；中国地级以上城市创新格局呈"东—中—西"逐渐衰减的经济地带性差异，且东部的压倒性地位随着时间推移而进一步强化（何舜辉等，2017）。创新型城市试点显著提升了城市创新水平，其对省会城市以上等级城市的作用弱于一般城市，对科教资源质量较高城市作用弱于科教资源质量较低的城市（李政和杨思莹，2019）。

（二）创新走廊与城市群创新一体化

中国创新型城市化的空间演化，呈现由京津冀、长三角和粤港澳"三核"向沿海三大城市群与成渝、长江中游的"三极多中心"结构演变，"马太效应"明显；创新型城市化与区域空间结构相耦合，创新高地往往涓滴效应更突出，创新节点则极化效应更明显（刘承良等，2021）。处于我国城市创新最高一层的上海和北京城市创新空间结构随着参与创新的城市空间单元逐年增加，区域创新产出差距在缩小、但空间集聚趋势在加剧，而单核主导和多核共振之间的空间演化差异与其所在的城市群特质具有一致性（段德忠等，2015）。创新型城市群是一种特殊的经济空间组织形式（胡斌等，2009），创新型城市群将多个创新型城市的创新要素进行合理的配置形成更为完整的区域创新网络（魏先彪，2017）。随着城市群创新一体化（刘剑和陶应虎，2017）的推进，多城跨区域创新合作可以发展成为类似于"硅谷"的"创新走廊"，通过建设"创新走廊"推动区域创新发展（汤临佳等，2017），国内典型的"创新走廊"如沪嘉杭G60科创走廊和广深港澳科技创新走廊（王子丹和潘子欣，2022），是我国创新高地"长三角""珠三角"的核心承载地。

四、创新政策及创新生态系统

（一）创新政策与环境

我国高新技术产业发展过程中制度重于技术（吴敬琏，1999），但制度供给在中央政府、地方政府和企业三个层次都遇到障碍，制度供给不足（高华云，2012），探索建立有效促进创新资源优化配置和合理布局的制度环境和政策条件非常关键。刘姿媚和谢科范（2016）通过建立武汉东湖国家自主示范区创新驱动的系统动力学模型，发现创新政策对创新驱动具有较强推动作用，提高了区域创新能力和经济发展水平。一些学者认为政府是推进创新配套环境的主导力量（辜胜阻和马军伟，2010），各类创新政策使创新环境进一步优化（郭戎等，2014）；另一些学者则具体分析了各项政策，主要包括股权和分红激励、财税政策、成果转化、科技金融、大学生创业、人才政策等。财政科技投入、人才引进、信息化建设和营造整体创新环境这四类创新政策均能够有效提升城市创新水平（李军林等，2021），但我国科技创新政策中各层面政策工具应用存在着不同程度的结构性失衡，仍偏向于对环境型政策工具的应用，应加强对科技创新政策工具的协同管理、优化政策工具体系（徐硼和罗帆，2020）。同时，目前创新政策和政府研发补贴以促进创新数量为主，还不能有效促进创新质量，创新政策必须从重视创新数量向重视创新质量转化（袁胜军等，2020）。创新环境对区域创新能力具有非常重要的影响作用（党文娟等，2008），创新环境是创新效率的重要影响因素（兰海霞和赵雪雁，2020），创新环境对技术研发的约束也非常明显（赵天宇和孙巍，2022），我国创新环境和创新要素之间的协调度有待进一步增强（吕静韦和董微微，2021）。

（二）创新生态系统

创新生态系统对区域经济增长的作用效果一直备受关注。自从熊彼特创新理论提出后，创新发展的思维逐步渗透在国民经济当中，区域经济发展越来越离不开创新元素。创新生态系统是一个由创新个体、创新组织和创新环境等要素组成的动态性开放系统。创新生态系统概念的提出体现了创新研究的一次范式转变，由关注系统中要素的构成向关注要素之间、系统与环境之间的动态过程转变。有学者分析产业生态系统五个具体要素，并利用北京市相关案例进行研究；基于要素重组等理论分析方式，可以加快城市创新系统的建设（隋映辉，2004）。有研究发现，对于创新生态系统的研究方法大多以案例研究为主，缺乏理论范式与实证研究的深入结合。在此背景下，有学者构建科技园区创新生态系统对其创新效率研究的新范式；基于共生理论建立创新生态系统共生演化的动力学模型，对不同的共生演化模式进行仿真分析。与之前大多数学者从生态学视角揭示区域创新生态系统共生互动特征不同，有学者建立共生进化动量模型进行更深入的分析；基于数字化视角，运用动态 QCA 方法和共生度、共生进化动量和障碍因子诊断分析模型，分析数字化在区域创新生态系统中的影响。与此同时，通过借鉴国外创新生态系统建设的成功经验，我国创新系统的理论范式研究也在深入发展，在国家战略方面，结合创新生态系统观，从高科技产业需求、供给能力和制度设计三个维度出发建设科技强国；打造多主体联动、要素充裕且流动自由、制度高效协同的创新生态系统，以促进粤港澳大湾区经济发展（辜胜阻和马军伟，2010）；在企业管理方面，创新生态系统为企业创新管理的理论与实践提供了分析依据，是创新管理研究的新范式；在产学研一体化方面，基于价值共创视角，通过价值共创等方式，发挥大学在城市群创新生态系统中的最大化作用。

五、引领性创新高地

区域创新高地的正式提出来自"十三五"国家科技创新规划，是一个具有中国区域实践特色的概念。加快建设世界重要人才中心和创新高地是中央人才工作会议和党的二十大确定的重要战略目标，高地是指某类资源高度集中并高于平均水平、对周边地区发展产生强大辐射效应的地域类型。区域科创高地通常是指科创要素集聚、科创成果及成果转化密度高、高科技产业发展集群化的区域，在中国指提升国家创新能力的前沿阵地和推动经济高质量发展的空间载体（何冬妮和易达，2023）。创新高地（Innovation Highland）的具体概念表述尚不明晰，其来源于"科技创新高地"，是指在特定的区域内，具有较高的科技资源、较强的科技实力和较好的科技创新环境（张建伟等，2017）。创新高地源自世界科学中心，随后发展成为多元化的科技创新中心，再后来以原始创新和辐射作用的创新策源地，进而产生了创新高地的概念。国家创新高地建设具有较高的战略地位和政治地位，能够引领和支撑国家创新发展，反映一国的科研水平；从区域来看，国家创新高地通过其辐射能力，对创新资源要素进行吸收和聚集，通过新动能，进一步加强区域和国家在政治、文化、军事和教育等方位的地位。当本地化集聚达到一定规模，所在城市将逐渐演变为创新高地，进而引发产业地理格局变迁（郑江淮和师磊，2023）。创新高地是创新城市建设的重要环节，其来源于创新型城市的建设理念与规划，是为了建设以科技进步为动力、自主创新为主导、创新文化为基础的城市形态，是为了形成涵盖技术创新、管理创新、服务创新的一个社会创新体系。引领性创新高地是指在一定领域内，基于特定产业集群、产业链和价值链的集聚效应，形成全球领先的创新和发展的地区，是在创新高地的基础上形成具有更强的创新能力、更高的竞争水平、更广泛的辐射带动作用的区域，在国家创新体系建设中占据着更为关键的地位，是推动科技进步和经济发展的重要引擎。引领性创新高地的建设也是城市实现跳跃式发展的重要途径，是建设创新城市的关键举措，在良好的创新文化、创新制度的环境下，通过提升经济水平、知识水平和人力资源水平等驱动要素来促进经济发展、提高自主创新能力的城市形态。本书所阐述的引领性创新高地是以创新功能区为核心的创新城市。

第二章 国内外引领性区域
创新高地的建设和发展

第一节 国外引领性区域创新高地的发展

一、美国"硅谷"

"硅谷"（Silicon Valley），位于美国加利福尼亚北部的大都会区旧金山湾区南面，是高科技事业云集的圣塔克拉拉谷（Santa Clara Valley）的别称。"硅谷"最早是研究和生产以硅为基础的半导体芯片的地方，"硅谷"的主要部分位于旧金山半岛南端的圣塔克拉拉县，主要包括该县下属的从帕罗奥多市到县府圣何塞市一段长约 25 英里的谷地。而"硅谷"的总范围一般还包含旧金山湾区西南部圣马特奥县的部分城市（如门洛帕克），以及旧金山湾区东部阿拉米达县的部分城市（如费利蒙）。"硅谷"的主要区位特点是拥有附近一些具有雄厚科研力量的美国顶尖大学作为依托，主要包括斯坦福大学（Stanford University）和加州大学伯克利分校（UC Berkeley），还包括加州大学系统的其他几所大学和圣塔克拉拉大学。从结构来看，"硅谷"以高新技术中小公司群为基础，同时拥有谷歌、Facebook、惠普、英特尔、苹果公司、思科、英伟达、甲骨文、特斯拉、雅虎等大公司，集科学、技术、生产于一体。

（一）美国"硅谷"发展历程

美国的"硅谷"是全球最著名的科技创新和创业中心之一，它的发展历程大致可以分为五个阶段：

第一阶段（1930~1950年）："硅谷"的起源可以追溯到20世纪30~50年代，当时斯坦福大学的工程师和创业者开始在该地区建立技术公司。斯坦福大学的创新文化和科研资源为硅谷的发展奠定了基础。

第二阶段（1950~1960年）：在冷战时期，美国政府在"硅谷"地区设立了多个军事研究机构，如斯坦福研究所（Stanford Research Institute）和美国国防部高级研究计划局（ARPA）。这些机构的研究资金和技术支持为硅谷的科技创新提供了创造力和动力。

第三阶段（1970~1980年）：在这一时期，"硅谷"开始涌现出许多重要的科技公司，如英特尔、惠普和苹果。这些公司的创新和成功推动了硅谷地区的经济发展，并吸引了更多的科技人才和投资。

第四阶段（1990~2000年）：互联网的崛起成为"硅谷"发展的重要驱动力。许多互联网公司，如谷歌、雅虎和eBay，都在"硅谷"地区兴起。这些公司的成功为"硅谷"带来了巨大的经济繁荣，并吸引了全球范围内的创业者和投资者。

第五阶段（2010年至今）："硅谷"继续保持着全球科技创新的领先地位。除了传统的科技领域，如计算机硬件和软件，"硅谷"也在新兴领域，如人工智能、生物技术和清洁能源等方面取得了重大突破。同时，"硅谷"也面临一些挑战，如高房价、交通拥堵和人才竞争等。"硅谷"的成功得益于多个因素的综合作用，包括丰富的科研资源、创新文化、风险投资、高等教育机构的支持以及政府的政策和资金支持。"硅谷"的发展也为全球其他地区的科技创新和创业提供了借鉴和启示。

（二）美国"硅谷"的发展现状和未来趋势

美国"硅谷"一直以来都是全球科技创新和创业的中心，但近年来面临一些挑战和变化。美国"硅谷"的发展现状和未来趋势主要表现在以下几个方面：

第一，成熟和多元化："硅谷"已经成为一个成熟的科技生态系统，拥有众多的科技公司、创业企业、投资者和创新者。"硅谷"的科技创新不再局限于计算机硬件和软件领域，也涉及人工智能、生物技术、清洁能源等新兴领域。"硅谷"的多元化和成熟度使其能够在不同的领域持续创新和发展。

第二，人才竞争和高成本："硅谷"的成功也导致了激烈的人才竞争和高昂的生活成本。由于"硅谷"聚集了大量的科技人才，吸引了全球范围内的优秀人才，导致人才市场竞争激烈、薪资水平较高。同时，"硅谷"地区的房价和生活成本也居高不下，给人才吸引和留住带来了一定的挑战。

第三，新兴科技领域的突破："硅谷"正在涌现出一些新兴科技领域的突破。例如，人工智能和机器学习在"硅谷"得到了快速发展，吸引了大量的投资和创业活动。生物技术和医疗科技也成为"硅谷"关注的重点领域。未来，"硅谷"有望在这些新兴科技领域继续保持领先地位。

第四，创新生态的扩散："硅谷"的成功也促使其他地区试图复制其创新模式和生态系统。许多国家和地区都在努力打造自己的创新中心，希望能够吸引科技创新和创业活动。这种创新生态的扩散可能会对硅谷的地位和发展产生影响，"硅谷"需要继续保持竞争力和创新能力。

总体而言，"硅谷"仍然是全球科技创新和创业的引领者，但也面临一些挑战和变化。未来"硅谷"需要继续关注新兴科技领域的突破，应对人才竞争和高成本的挑战，并与其他地区的创新中心进行合作和竞争，以保持其领先地位和创新驱动力。同时，"硅谷"也应该注重可持续发展和社会责任，推动科技创新与社会发展的良性互动。

（三）美国"硅谷"的地位及作用

1. 美国"硅谷"的地位

美国的"硅谷"被公认为全球科技创新和创业的中心，享有极高的地位。美国的"硅谷"在科技领域中的地位和影响主要表现在以下几个方面：

第一，全球科技领域的引领者："硅谷"地区拥有众多世界知名的科技公司，如谷歌、苹果、Facebook 等。这些企业在计算机硬件、软件、互联网、人工智能和生物技术等领域取得了重大突破和创新，引领着全球科技的发展方向。

第二，创新和创业的中心："硅谷"聚集了大量的科技创业者和风险投资者，形成了独特的创新生态系统。这里拥有世界一流的科研机构、大学和孵化器，为创业者提供了丰富的资源和支持。"硅谷"的创新文化和风险投资生态系统吸引了全球范围内的创新者和投资者。

第三，人才和技术的聚集地："硅谷"聚集了全球顶尖的科技人才。这里拥有世界一流的大学和研究机构，吸引了大量的科研人员和高技能人才。"硅谷"的科技公司和创业企业能够吸引和留住最优秀的人才，为科技创新提供了强大的人力资源支持。

第四，经济和就业的推动者："硅谷"地区的科技产业对当地的经济和就业产生了巨大影响。"硅谷"的科技公司和创业企业为地区带来了大量的就业机会，推动了经济的发展和增长。"硅谷"地区的科技产业也成为美国国内生产总值的重要组成部分。

第五，技术和社会变革的推动者："硅谷"的科技创新不仅影响科技行业，也对各行各业产生了深远的影响。"硅谷"的技术创新推动了社会的变革和进步，改变了人们的生活方式、商业模式和社会交往方式。总体而言，"硅谷"地区在全球科技领域享有举足轻重的地位。它不仅是科技创新的引领者和创业的中心，也是高科技人才的聚集地，同时还推动着经济的发展和社会的变革。"硅谷"的地位和影响力使其成为全球科技创新的重要指标和榜样。

2. 美国"硅谷"的作用

美国的"硅谷"在科技领域发挥着重要的作用，其作用主要体现在以下几个方面：

第一，科技创新的推动者："硅谷"地区是全球科技创新的重要推动力量。众多知名科技公司如谷歌、苹果、Facebook 等均源自"硅谷"。这里汇聚了大量的科学家、工程师、设计师和创业者，他们通过技术创新和研发，推动着科技的进步。

第二，创业和风险投资的中心："硅谷"是全球最重要的创业和风险投资中心之一。"硅谷"地区拥有独特的创业生态系统，吸引了大量的创业者和投资者。创业公司在"硅谷"得到丰富的资源和资金支持，有助于他们的成长和成功。

第三，高科技人才的聚集地："硅谷"地区聚集了全球顶尖的科技人才。这里拥有世界一流的大学和研究机构，吸引了大量的科研人员和高技能人才。"硅谷"的科技公司和创业企业能够吸引和留住最优秀的人才，为科技创新提供了强大的人力资源支持。

第四，经济发展的推动者："硅谷"的科技产业对经济发展起到了重要的推动作用。"硅谷"的科技公司和创业企业创造了大量的就业机会，为地区带来了经济增长和繁荣。"硅谷"地区的科技产业也成为美国国内生产总值的重要组成部分。

第五，社会变革的推动者："硅谷"的科技创新不仅影响科技行业，也对社会产生了深远的影响。"硅谷"的技术创新改变了人们的生活方式、商业模式和社会交往方式。从互联网的普及到人工智能的发展，"硅谷"的科技创新推动了社会的变革和进步。总而言之，美国的"硅谷"在科技领域发挥着重要的作用。它是科技创新的推动者、创业和风险投资的中心、高科技人才的聚集地，同时也推动着经济的发展和社会的变革。"硅谷"地区的影响力和作用使其成为全球科技创新的重要中心。

（四）美国"硅谷"创新政策及创新生态

1. 美国"硅谷"创新政策

美国的"硅谷"地区一直以来都非常注重科技创新，并采取了一系列政策措施来促进创新的发展。以下是一些美国"硅谷"地区的创新政策：

第一，高科技产业支持政策：美国政府通过提供税收优惠、创业基金、研发资金等方式来支持高科技产业的发展。这些政策鼓励企业在"硅谷"地区进行创新研发，并提供资金支持和减税等优惠，以促进技术创新和商业发展。

第二，创新孵化器和科技园区支持政策："硅谷"地区设立了多个创新孵化器和科技园区，为初创企业提供办公空间、导师指导、资金支持等资源。这些孵化器和园区为创业者提供了良好的创新生态系统和创业环境，帮助他们实现创新创业的目标。

第三，技术转移和商业化支持政策：美国政府鼓励科研机构与企业之间的技术转移和合作，以促进科技成果的商业化。政府设立了技术转移办公室和专利保护机构，为科研机构和企业提供知识产权保护、技术转让和商业化支持等服务。

第四，教育和人才培养政策：美国政府重视科技人才的培养和教育。政府投资大量资源用于科学教育和 STEM（科学、技术、工程和数学）教育的推广，以培养更多的科技人才。此外，政府还提供奖学金和研究资助，吸引和留住优秀的科技人才。

第五，创新政策和监管改革政策：美国政府通过改革监管政策，减少创新的障碍和限制。政府致力于简化创新相关的法规和审批程序，鼓励企业和创业者进行更加自由的创新活动。美国"硅谷"地区的创新政策不仅局限于上述几个方面，还包括知识产权保护、科技合作和国际交流等多个方面。这些政策共同构成了"硅谷"地区创新生态系统的一部分，为科技创新和创业提供了良好的环境和支持。

2. 美国"硅谷"创新生态

美国的"硅谷"地区拥有独特的创新生态系统，这个生态系统包括多个要素，共同促进了科技创新和创业的发展。以下是"硅谷"创新生态系统的主要要素：

第一，科研机构和大学："硅谷"地区拥有世界一流的科研机构和大学，如斯坦福大学和加州理工学院等。这些机构在科学研究和技术发展方面具有卓越的实力，并为创新人才的培养提供了重要基础。

第二，科技公司和创业企业："硅谷"地区聚集了众多的科技公司和创业企业，包括谷歌、苹果、Facebook 等知名企业。这些企业在技术创新和商业模式上取得了重大突破，成为科技创新的引领者和推动者。

第三，创新孵化器和加速器："硅谷"地区拥有多个创新孵化器和加速器，如 Y Combinator、500 Startups 等。这些孵化器和加速器提供了创业者所需的办公空间、导师指导、资金支持等资源，帮助初创企业快速成长和发展。

第四，风险投资者："硅谷"地区吸引了大量的风险投资者，他们愿意投资于早期科技创业企业。这些投资者不仅提供资金支持，还提供战略指导和业务网络，帮助创业企业实现扩张和商业化。

第五，创新人才和专业人才："硅谷"地区聚集了全球顶尖的科技人才和专业人才。这里吸引了大量的科学家、工程师、设计师和管理人才，他们的技术和创新能力推动了"硅谷"的科技创新和商业发展。

第六，政府支持和创新政策：美国政府通过提供投资和税收优惠等方式来支持"硅谷"地区的科技创新。政府还设立了技术转移办公室和专利保护机构，为科研机构和企业提供知识产权保护、技术转让和商业化支持等服务。"硅谷"的创新生态系统是一个相互关联、相互促进的复杂网络。科研机构、科技公司、创业企业、投资者和人才等要素相互作用，形成了一个独特的创新环境，为科技创新和创业提供了良好的条件和支持。这种生态系统的存在使"硅谷"成为全球科技创新的重要中心。

二、美国"硅巷"

美国"硅巷"位于美国纽约市曼哈顿的高科技园区，是一个无边界的高科技园区，拥有众多高科技企业群，已成为纽约市经济增长的主要引擎，被誉为继"硅谷"之后美国发展最快的信息技术中心地带。纽约市正以"硅巷"（Silicon Alley）的地位，崛起为美国东岸的科技重镇。

（一）美国"硅巷"发展历程

美国"硅巷"诞生于互联网科技兴起的年代，近30年的发展历程其实可以分为三个阶段：

第一阶段（1990~2000年），从0到1，在经济危机中萌芽并迅速发展至第一次巅峰。美国"硅巷"起始于20世纪90年代。1990年美国爆发经济危机，金融业发达的纽约市首当其冲，受到重创。年轻人纷纷失业，20世纪70年代房地产行业发展兴建的大量办公楼开始闲置，其中就包括在曼哈顿第五大道和23街交汇的熨斗大厦（Flatiron Building），大厦及其周边地区（熨斗区）后来成为"硅巷"的起源地。1990~2000年，随着互联网产业的蓬勃发展，"硅巷"的新媒体产业融入大量高科技，纽约开始形成科技、艺术与商业融合的新经济模式。"硅巷"新创企业涉及广告、新媒体、金融科技、时尚、电子商务等领域，范围进一步蔓延至整个下城，同时，市政府通过PPP模式开发进行推波助澜，将"硅巷"延伸至125thstreet（Harlem）、布鲁克林水岸（Brooklyn Water Front）和皇后区的长岛市（Long Island City）。1999年，纽约市已经有3831个高新科技企业，提供近14万个就业岗位，2000年，政府预测"硅巷"未来会有20万个就业岗位，需260万平方米办公面积，于是对曼哈顿西岸和皇后区长岛市进行密集开发，"硅巷"发展达到第一次高峰。

第二阶段（2001~2006年），互联网泡沫破灭，"硅巷"迎来第一次挑战，发展受阻、规模收缩到重新崛起。2001年，互联网泡沫破灭，大量科技公司破产，"硅巷"范围也开始收缩，企业从下城纷纷回到了下城与中城之间的廊道区域，下城的高楼大厦又回归金融企业。与此同时，2001年开始，纽约市下城房价迅速上涨，开发商纷纷将商务办公楼改造成价格昂贵的高档公寓，1998~2008年，近130万平方米办公面积改为公寓，其中就包括华尔街23号摩根大通的总部大厦。高昂的房价使得"硅巷"艺术家们被迫离开下城，到2002年，已经有15%的艺术家离开下城，20%准备离开，往布鲁克林、皇后区发展。但"硅巷"的初创企业开始慢慢复苏，到2004年，"硅巷"已经基本从2001年的互联网危机中恢复，企业总数达 3893 个，回到 1999 年高峰时水平。

第三阶段（2007 年至今），直面金融危机挑战，"硅巷"迎来新的发展阶段，影响力日趋强大，作为新经济引擎带动纽约强劲复苏。2007 年美国爆发金融危机，华尔街再一次受到重创，纽约市政府更加清晰地认识到过于单一的财政收入对城市发展的不利影响，寻求多元化发展方式，并将高科技产业作为新的发展方向。纽约市政府意识到"硅巷"的发展离不开高科技人才。除了积极引进人才，纽约市也计划自己培养高科技人才。"硅巷"对全球互联网巨头的吸引力也越来越强。谷歌、Facebook、eBay、Twitter、微软等在 2011 年前后纷纷在纽约市开设大规模的研发中心。时至今日，"硅巷"已吸引了诸多高科技企业，形成了若干科创圈，纽约市超越波士顿成为美国第二大科技重镇。

（二）美国"硅巷"发展现状和未来趋势

美国"硅巷"诞生于互联网科技兴起的年代，"硅巷"在经历了 20 世纪 90 年代科技股泡沫后，现已成为超过 500 家初创企业的聚集地。"硅巷"所具有的创新气息成为风险资本投资的热土，2007～2011 年，"硅巷"风投交易量暴涨 32%，2012 年第三季度激增至 44%，资助总金额上升到 2.18 亿美元。"硅巷"的成功为纽约市找到了新的城市标签：美国"东部硅谷"、世界"创业之都"。"硅巷"的发展离不开经济危机、金融危机，从经济危机中寻找生机，从金融危机中发展壮大，历经"发展—衰退—发展"的经济周期，至今已经成为纽约市第二大产业，并超越波士顿成为全美第二大科技重镇。"硅巷"科创企业并非单纯的互联网企业，而是更多地将互联网技术与纽约的传统产业相结合，形成更具生命力的新经济模式。

美国人将"硅谷"称为"西岸模式"，而将"硅巷"称为"东岸模式"。"东岸模式"的业务大多集中在互联网应用技术、社交网络、智能手机及移动应用软件上，创业者们注重把技术与时尚、传媒、商业、服务业结合在一起，开掘出互联网新增长点，而传统的"西岸模式"更关注芯片的容量和运转速度。目前，"硅巷"已经呈现适合互联网和移动通信技术初创企业成长的业态系统，正吸引越来越多的初创企业落户硅巷。

（三）美国"硅巷"的地位及作用

美国"硅巷"的新创公司因位置紧邻，租不起办公楼的创业家能利用创新的合作空间工作，如课程业者 General Assembly 提供开会、工作和教育训练的地点。"硅巷"新创公司密集度高，也让创业家容易在餐厅等地碰到潜在合作伙伴、工程师或人才，附近也有纽约大学和哥伦比亚大学等名校。除拥有新创公司、资金及地理位置等优势之外，纽约市前市长布隆伯格提供的政府支持更是让"硅巷"如虎添翼，他投入大量资源，尽力扶持纽约市新创公司社群，为"硅巷"超越"硅谷"提供了莫大助力。美国"硅谷"和旧金山湾区向来被视为科技业的"家园"，其科技中心的地位在美国西岸迄今仍无可取代。然而值得注意的是，纽约市现在正以"硅巷"（Silicon Alley）的地位，崛起为美国东岸的科技重镇，力图成为美国的"新科技首都"。

（四）美国"硅巷"创新政策及创新生态

美国"硅巷"创新生态系统发展特点主要表现在以下几点：

第一，较高的商务成本，却聚集了众多科技应用型初创企业。"硅巷"新创公司密度高，也让创业者更容易在餐厅等地寻找潜在合作伙伴、技术人才等，众多的知名创投公司或天使投资人，可为创业者提供更多机会的资金支持。同样地，广阔的市场和高质量的人才成功地吸引了大批具有影响力和行业控制力的高科技巨头企业投资"硅巷"，如苹果、微软、IBM、谷歌、雅虎辉瑞、强生、惠氏等公司都在纽约市设立了区域总部或研发机构。

第二，与"硅谷"错位发展，打造"硅巷"新模式。21 世纪初期"硅谷"高科技泡沫破灭之际，"硅巷"得益于纽约市政府的引导和投入，抓住机遇，快速发展，形成自己的特色，即"东岸模式"。与"硅谷""西岸模式"不同，"硅巷""东岸模式"的业务大多集中在互联网应用技术、社交网络、智能手机及移动应用软件上，创业者注重把技术与时尚传媒、商业和服务业结合在一起，挖掘出互联网新增长点，而传统的

"硅谷""西岸模式"更关注芯片的容量和运转速度等纯技术的创新。目前，美国"硅巷"已呈现适合互联网和移动通信技术初创企业成长的业态系统，正吸引越来越多的初创企业落户硅巷。

第三，资源集聚，生态发展。一是创意创新人才集聚硅巷，"硅巷"拥有大批的作家、导演、编辑设计师和艺术家等，这些创新型人才是新媒体发展过程中备受青睐的群体。同时，哥伦比亚大学等著名学府和最好的设计学校能够不断地输送创意产业的新生力量。2014年底，纽约科技相关行业的从业人员接近30万人。同样地，坐落在纽约市的哥伦比亚大学、纽约大学和康奈尔大学等众多名校，集聚了全美10%的博士、10%的美国国家科学学院院士、近40万名科学家和工程师，为纽约培养了一批杰出的应用科学人才和一流的工程师。二是创投资金涌入"硅巷"。纽约市是国际金融之都，拥有完善的资金链和丰富的顾客群，易于获得资金来源，战略合作伙伴的选择余地大，哥伦比亚大学、纽约大学等著名学府和最好的设计学校有大量的人才知识和相关机构储备，成熟的创新环境。纽约市拥有科技大会和299个科技产业组织，涵盖金融、时尚、媒体、出版及广告等各类行业，建立起了行业互助系统，形成了良性的科技生态环境，能够给初创企业一个良好的发展空间。

第二节　国内引领性区域创新高地的发展

一、"珠三角"创新城市群

（一）"珠三角"创新城市群发展现状和未来趋势

1. "珠三角"创新城市群发展现状

珠三角是中国广东省东部的一个地区，由珠江三角洲的广州、深圳、珠海、佛山和东莞等城市组成，正在逐渐形成"珠三角"创新城市群。

目前，珠三角地区的创新城市群发展取得了显著的进展，主要表现在：

第一，产业升级和创新转型：珠三角地区正在从传统的制造业中心向高端制造业和创新驱动型经济转型升级。在这个过程中，越来越多的企业开始注重技术创新、研发和知识产权保护，以提高产品质量和附加值。

第二，创新创业环境的改善：珠三角地区积极改善创新创业环境，加强知识产权保护，推动科技成果转化和产业化。政府出台了一系列支持政策，如设立创新基金、孵化器和科技园区，提供创业资金和技术支持，吸引更多的创新创业者。

第三，科研机构和高等院校的支持：珠三角地区拥有一批优秀的科研机构和高等院校，如华南理工大学、中山大学等。这些机构在科学研究和创新方面具有雄厚的实力，为创新城市群的发展提供了重要的支持和人才储备。

第四，跨界合作和创新生态系统的建设：珠三角地区正在积极推动跨界合作，促进不同城市间的创新资源共享和合作。同时，建设完善的创新生态系统，包括创新孵化器、科技园区、技术转移机构等，为创新创业提供良好的环境和支持。

第五，国际合作与创新驱动发展：珠三角地区积极推动与国际创新中心的合作与交流，加强科技创新与产业发展的国际合作。通过引进国际先进技术和创新资源，提升珠三角地区的创新能力和国际竞争力。总的来说，珠三角地区的创新城市群发展正在不断推进，取得了一定的成绩。政府、企业和科研机构等各方积极参与，为珠三角地区的创新创业提供了良好的环境和支持。然而，仍然面临一些挑战，如创新人才引进与培养、技术转化与商业化等方面。未来，珠三角地区将继续加大创新驱动发展的力度，提升创新能力和竞争力，实现更高水平的发展。

2. "珠三角"创新城市群未来趋势

"珠三角"创新城市群有望继续发展壮大，并将呈现以下几个未来趋势：

第一，创新驱动发展："珠三角"地区将进一步加强创新驱动发展战略，注重科技创新、研发投入和知识产权保护。通过加大科技研发投入、引进高端人才和技术，推动企业向高附加值、高技术含量的产业升级。

第二，产业协同发展："珠三角"地区将进一步加强城市之间的合作与协同，打造产业链和创新链的完整生态系统。通过加强产业配套、资源互补和协同创新，提高整个地区的产业集聚和竞争力。

第三，跨界融合创新："珠三角"地区将促进不同领域、不同行业之间的融合与创新。通过推动跨界合作、交叉创新和技术转移，培育新的产业形态和创新业态。

第四，绿色可持续发展："珠三角"地区将注重绿色可持续发展，强调生态环境保护和资源利用效率。推动清洁能源、循环经济和环境友好型产业的发展，实现经济增长与环境保护的良性循环。

第五，国际合作与开放创新："珠三角"地区将进一步加强与国际创新中心的合作与交流。通过引进国际先进技术、开展联合研究和合作项目，提升地区的国际影响力和竞争力。

第六，科技人才引进与培养："珠三角"地区将加大科技人才引进与培养力度，建设高水平的科研机构和人才培养平台。吸引国内外优秀人才来珠三角地区创新创业，并培养本地区的科技人才队伍。

总体来说，未来"珠三角"创新城市群将继续朝着高端制造业、科技创新和绿色可持续发展的方向发展。政府、企业和科研机构等各方将共同努力，推动"珠三角"地区成为国内乃至全球的创新引领区。

（二）"珠三角"创新城市群的地位及作用

1. "珠三角"创新城市群的地位

"珠三角"创新城市群在中国乃至全球的地位日益重要，具体表现在：

第一，制造业中心："珠三角"地区长期以来一直是中国制造业的重要基地之一。在全球供应链中，"珠三角"地区具有丰富的制造业资源和产业链配套，拥有大量的制造企业和供应商。这使得"珠三角"地区在制造业领域具有重要的地位和影响力。

第二，创新中心："珠三角"地区在科技创新和知识经济方面取得了显著的进展。该地区拥有一流的高等院校和科研机构，培养了大量的科技人才，同时吸引了许多国内外的创新企业和研发中心。"珠三角"地区的创新能力和创新成果在国内外享有很高的声誉，成为中国乃至全球的创新引领区之一。

第三，经济增长极："珠三角"地区是中国经济增长的重要引擎之一。该地区的经济总量庞大，拥有丰富的产业资源和人力资源。"珠三角"地区的经济增长速度快、产业结构优化，吸引了大量的投资和企业，成为中国经济发展的重要支撑点。

第四，国际化枢纽："珠三角"地区地理位置优越，靠近香港和澳门，是中国对外开放的重要窗口之一。该地区的港口、机场和交通网络发达，与世界各地有着密切的贸易和人员往来。"珠三角"地区在国际贸易和外商投资方面具有重要的地位，是中国对外开放的重要枢纽。总的来说，"珠三角"创新城市群在制造业、科技创新、经济增长和国际化方面都具有重要的地位。随着中国经济的发展和创新能力的提升，"珠三角"地区的地位和影响力将进一步提升。同时，"珠三角"创新城市群也面临着挑战，如在人才引进与培养、环境保护等方面，需要持续努力来推动其可持续发展。

2. "珠三角"创新城市群的作用

"珠三角"创新城市群的重要作用也非常明显：

第一，推动经济增长：作为中国重要的制造业基地和经济增长引擎，"珠三角"创新城市群对中国经济的发展起到了重要的推动作用。该地区集聚了大量的企业和产业链，通过创新驱动和产业升级，推动经济的持续增长。

第二，培育创新创业生态："珠三角"创新城市群为创新创业者提供了良好的生态环境。地区内拥有一流的高等院校和科研机构，吸引了大量的创新人才和创业者。同时，政府出台了一系列支持政策，建立了创新孵化器和科技园区等创新创业平台，鼓励创新创业活动的开展。

第三，促进产业升级和转型："珠三角"创新城市群推动了传统制造业向高附加值、高技术含量的产业升级和转型。通过技术创新、研发投入和知识产权保护等手段，推动企业提升产品质量和竞争力，实现产业的可持续发展。

第四，提升国际竞争力："珠三角"创新城市群通过与国际创新中心的合作与交流，引进国际先进技术和创新资源，提升地区的国际竞争力。该地区的企业和科研机构积极参与国际合作项目，推动科技创新与产业发展的国际化。

第五，带动周边地区发展："珠三角"创新城市群的发展也带动了周边地区的经济发展。通过产业链的延伸和合作，提升了周边地区的产业水平和竞争力，促进了区域经济的协同发展。总的来说，"珠三角"创新城市群在经济增长、创新创业、产业升级和国际竞争力等方面发挥着重要的作用。地区政府、企业和科研机构等各方将继续加大投入和合作力度，推动"珠三角"创新城市群的持续发展和繁荣。

（三）"珠三角"创新城市群创新政策及创新生态

1. "珠三角"创新城市群创新政策

"珠三角"创新城市群在推动创新发展方面采取了一系列的政策措施。创新政策主要表现在以下几个方面：

第一，创新引领发展：政府将创新引领发展作为重要战略，加大对创新活动的支持力度。通过出台一系列创新激励政策，包括财政扶持、税收优惠和科技创新基金等，鼓励企业和科研机构加大研发投入和技术创新。

第二，人才引进与培养：政府加大人才引进和培养力度，通过引进国内外高层次人才、建设人才培养基地和提供创新人才培训等方式，培养和吸引更多的创新创业人才。

第三，创新创业支持：政府出台了一系列支持创新创业的政策，包括设立创新创业基金、建设创新创业孵化器和科技园区等，为创新创业者提供资金、场地和政策支持。

第四，知识产权保护：政府加强知识产权保护，建立健全的知识产权法律体系和执法机构，加大对侵权行为的打击力度，提升创新环境的稳定性和可靠性。

第五，政企合作推动创新：政府积极推动政企合作，通过建立产学研合作平台、开展技术转移和科技成果转化，促进科技创新和产业升级。

第六，开放合作创新：政府积极推动与国内外创新中心的合作和交流，引进国际先进技术和创新资源，促进本地区的国际化发展。总的来说，"珠三角"创新城市群通过创新政策的制定和落实，为企业和科研机构提供了良好的创新环境和政策支持。这些创新政策的实施将有助于推动"珠三角"地区的创新能力和创新成果的提升，进一步地巩固和加强地区的创新地位。

2. "珠三角"创新城市群创新生态

"珠三角"创新城市群的创新生态是指一系列的创新要素和创新环境，包括人才、科研机构、企业、投资和政策等，相互作用形成的创新生态系统。"珠三角"创新城市群的典型创新生态要素主要包括以下几点：

第一，人才要素："珠三角"创新城市群拥有丰富的人才资源，包括高等院校的科研人员、企业的技术人员和创业者等。政府通过引进国内外高层次人才和建设人才培养基地等措施，培养和吸引更多的创新创业人才。

第二，科研机构："珠三角"创新城市群拥有一流的高等院校、研究所和科研机构。这些机构在科学研究、技术创新和知识产权保护等方面发挥着重要作用。它们为企业提供技术支持、人才培养和科研合作等服务，推动创新成果的转化和应用。

第三，创新企业："珠三角"创新城市群集聚了大量的创新企业和科技型企业。这些企业在技术创新、产品研发和市场拓展方面表现出色。它们通过创新创业孵化器、科技园区等平台，获得资金、场地和政策支持，加速创新成果的孵化和商业化。

第四，投资与融资："珠三角"创新城市群吸引了大量的投资和融资机构。风险投资、私募股权基金和银行等机构为创新企业提供资金支持和投资渠道，推动创新项目的落地和发展。

第五，创新政策：政府出台了一系列支持创新的政策，包括财政扶持、税收优惠和科技创新基金等。这些政策为创新活动提供了资金、场地和政策支持，营造了良好的创新环境和氛围。

第六，创新平台：政府和企业共同建立了一批创新平台，包括创新创业孵化器、科技园区和技术转移中心等。这些平台提供了创新创业所需的场地、设施和服务，促进了创新要素的集聚和交流。总而言之，"珠三角"创新城市群的创新生态通过各种要素的互动和融合，形成了一个良好的创新环境和创新生态系统。这个创新生态为创新创业提供了丰富的资源和机会，推动了地区的创新发展和经济增长。

（四）"珠三角"创新城市群建设和发展的经验

"珠三角"创新城市群的建设和发展积累了一些宝贵的经验，为我国创新城市群建设和发展提供了诸多参考。其主要经验表现为：

第一，以创新驱动发展："珠三角"创新城市群将创新作为推动发展的核心驱动力。政府积极引导企业加大研发投入，推动科技创新和产业升级。同时，注重培养和吸引高层次创新人才，建设一流的科研机构和创新创业平台，为创新提供良好的环境和支持。

第二，政企合作促进创新："珠三角"创新城市群注重政府与企业的合作，通过建立产学研合作平台和创新创业孵化器等机制，推动科技成果的转化和应用。政府出台一系列支持政策，为企业提供资金、场地和政策支持，激发创新创业的活力。

第三，强化知识产权保护："珠三角"创新城市群注重知识产权保护，建立健全的知识产权法律体系和执法机构。政府加大对侵权行为的打击力度，提高创新环境的可靠性和稳定性，鼓励企业加大技术创新和知识产权保护的投入。

第四，加强国际交流与合作："珠三角"创新城市群积极与国际创新中心开展合作与交流，引进国际先进技术和创新资源。通过组织创新竞赛、举办创新论坛和开展国际合作项目，推动科技创新与产业发展的国际化。

第五，突出区域协同发展："珠三角"创新城市群注重区域协同发展，通过产业链的延伸和合作，推动周边地区的经济发展。政府加强区域合作机制的建设，推动一体化发展，形成协同效应和共同繁荣。总的来说，"珠三角"创新城市群的建设和发展经验是将创新驱动发展、政企合作、知识产权保护、国际交流与合作和区域协同发展等方面有机结合起来，这些经验对其他地区的创新城市群建设和发展具有借鉴意义，可以推动创新能力和创新成果的提升，促进经济的可持续发展。

二、"长三角"创新一体化

（一）"长三角"创新一体化发展现状和未来趋势

1. "长三角"创新一体化发展现状

"长三角"创新一体化发展经过这些年的发展，取得了较大的成效，主要表现在以下几点：

第一，创新资源集聚："长三角"地区拥有丰富的创新资源，包括高等院校、科研机构和创新企业等。这些创新资源在科学研究、技术创新和人才培养方面具有重要作用。通过政府的引导和支持，创新资源在地区内得到了有效的集聚和利用。

第二，产学研合作加强："长三角"地区注重产学研合作，通过建立产学研合作平台和共享创新资源，推动科技成果的转化和应用。企业与高校、科研机构之间的合作关系不断加强，创新成果得到了更好的转化和推广。

第三，创新创业氛围浓厚："长三角"地区的创新创业氛围浓厚，有大量的创新创业活动和创新创业者。政府出台了一系列支持创新创业的政策，激励创新创业者敢于创新、勇于实践。创新创业孵化器、科技园区等创新创业平台也得到了快速发展。

第四，交通互联互通："长三角"地区的交通互联互通水平不断提高，交通网络日益完善。高速公路、高铁和航空等交通设施的建设和改善，加强了区域内各城市之间的联系和合作，为创新要素的流动提供了便利。

第五，政策支持力度加大：政府不断加大对创新一体化发展的政策支持力度。出台了一系列支持创新创业的政策，包括财政扶持、税收优惠和科技创新基金等。政府还推动了跨地区政策协调和合作，推动"长三角"地区的创新一体化发展。尽管"长三角"创新一体化发展取得了较大的成效，但仍面临一些挑战，如创新要素的不平衡、创新资源的流动障碍等。因此，进一步加强政策协调、推动资源共享和加强合作交流，将有助于进一步推动"长三角"创新一体化发展的步伐。

2. "长三角"创新一体化的未来趋势

未来，"长三角"创新一体化发展的未来趋势将呈现以下几个方向：

第一，深化产学研合作："长三角"地区将进一步深化产学研合作，加强高校、科研机构和企业之间的紧密联系。通过建立联合研究院、共享实验室等机制，促进科技成果的转化和应用。同时，推动企业与高校、科研机构之间的人才交流和技术合作，实现产业与科技的深度融合。

第二，加强创新平台建设："长三角"地区将继续加强创新创业平台的建设，包括创新创业孵化器、科技园区和科技金融服务平台等。通过提供场地、资金和政策支持，为创新创业者提供更好的创业环境和服务，推动创新创业的蓬勃发展。

第三，强化科技创新能力："长三角"地区将进一步加强科技创新能力的提升。通过加大研发投入、培养高层次创新人才和引进国际先进技术等措施，推动科技创新的突破和创新能力的提升。同时，注重知识产权保护，提高创新环境的稳定性和可靠性，吸引更多的创新创业投资和资源。

第四，推动跨地区合作："长三角"地区将进一步推动跨地区的合作与协调。通过加强政策对接、资源共享和合作交流，推动各城市间的创新要素的流动和合作。同时，加强与国际创新中心的合作与交流，引进国际先进技术和创新资源，推动"长三角"地区的创新一体化发展。

第五，注重绿色可持续发展："长三角"地区将注重绿色可持续发展和创新。通过推动绿色技术创新和环保产业的发展，实现经济增长与环境保护的良性循环。同时，加强创新创业在节能减排、清洁能源和环保领域的应用，推动绿色产业的升级和转型。总的来说，"长三角"创新一体化发展的未来趋势将围绕深化产学研合作、加强创新平台建设、强化科技创新能力、推动跨地区合作和注重绿色可持续发展等方向展开。这将为"长三角"地区的创新发展带来更大的机遇和挑战，推动地区经济的高质量发展。

（二）"长三角"创新一体化的地位及作用

"长三角"创新一体化在中国的地位和作用主要表现在以下几个方面：

第一，经济引擎：作为中国经济最为发达和开放的地区之一，"长三角"地区在国家经济中发挥着重要的引擎作用。创新一体化的发展可以进一步推动地区经济的增长和转型升级，为全国经济的发展提供强大的支撑。

第二，创新高地："长三角"地区拥有丰富的科技创新资源和优势产业，是中国著名的科研和创新中心。创新一体化的发展可以进一步加强地区创新能力和创新环境，打造更多的创新高地和创新企业，为国家的科技创新提供重要的支持。

第三，区域协同："长三角"各城市之间具有不同的优势和特色，创新一体化促进各城市之间的协同发展，形成合作共赢的局面。通过共享创新资源、加强产业链的衔接和合作，各城市实现互补优势，促进整个地区的经济一体化发展。

第四，国际竞争力："长三角"地区通过创新一体化的发展，提升地区的国际竞争力，吸引更多的国际投资和创新资源，获得国际先进技术和创新成果，进一步提升地区的创新能力和影响力。

第五，推动可持续发展：创新一体化的发展可以促进地区经济的可持续发展。通过推动绿色技术创新和环保产业的发展，可以实现经济增长与环境保护的良性循环。同时，创新一体化的发展也可以促进人才的流动和交流，提升人才的创新能力和创新意识，为地区的可持续发展提供人才支持和智力支持。总的来说，"长三角"创新一体化在中国的地位和作用非常重要，它是推动地区经济增长和转型升级的重要引擎，也是提升地区竞争力和可持续发展的重要手段。通过创新一体化的发展，"长三角"地区可以进一步发挥其科技创新和产业优势，推动整个地区的繁荣和发展。

（三）"长三角"创新一体化创新政策及创新生态

1. "长三角"创新一体化发展的创新政策

"长三角"创新一体化发展的创新政策涉及多个方面，主要的创新政策表现在以下几点：

第一，资金支持政策：政府出台了一系列资金支持政策，包括设立科技创新基金、科技创业投资基金等，为创新企业提供资金支持和融资服务。此外，还有财政补贴、税收优惠等政策，鼓励企业加大创新投入。

第二，人才引进政策：政府出台了一系列人才引进政策，鼓励高层次人才来"长三角"地区创新创业。这些政策包括人才住房、子女教育、医疗保障等方面的优惠政策，为人才提供良好的生活和工作环境。

第三，知识产权保护政策：政府加强了知识产权保护力度，出台了一系列知识产权保护政策和举措，加强了对知识产权的法律保护和执法力度，鼓励创新企业加强自主创新和知识产权的保护。

第四，创新创业孵化政策：政府设立了一批创新创业孵化器和科技园区，为创新创业者提供场地、资金、技术和服务支持。这些孵化器和园区提供创业培训、项目评估、市场推广等一揽子服务，帮助创新创业者实现项目的孵化和推广。

第五，政策协调和合作：政府加强了与周边城市和地区的政策协调和合作，推动跨地区的政策互通和合作交流。通过建立政策对接机制和合作平台，促进资源共享和合作创新。

第六，公共服务平台建设：政府加强了公共服务平台的建设，包括科技创新服务平台、创新创业服务中心等。这些平台提供创新创业的一站式服务，包括技术咨询、市场推广、人才培训等，为创新创业者提供便利和支持。总的来说，"长三角"创新一体化的创新政策主要包括资金支持、人才引进、知识产权保护、创新创业孵化、政策协调和合作、公共服务平台建设等方面。这些政策的出台和实施，为"长三角"地区的创新创业提供了良好的政策环境和支持，推动了地区创新一体化的发展。

2."长三角"创新一体化的创新生态

"长三角"创新一体化的创新生态指在该地区形成的创新生态系统，包括创新资源、创新主体、创新网络和创新文化等要素的互动和协同。

第一，在创新资源方面："长三角"地区拥有丰富的创新资源，包括高校、科研院所、企业研发机构等科技创新机构，以及人才、技术、资金等创新要素。这些创新资源为创新一体化提供了坚实的基础。

第二，在创新主体方面："长三角"地区有众多的创新主体，包括大中小型企业、创业者、科研机构、高校等。这些创新主体通过技术创新、产品创新和商业模式创新等方式，推动创新一体化的发展。

第三，在创新网络方面："长三角"地区形成了密集的创新网络，包括产学研合作、企业联盟、创新园区等。这些创新网络提供了信息交流、资源共享和合作创新的平台，促进创新一体化的融合发展。

第四，在创新文化方面："长三角"地区倡导创新文化，鼓励创新思维和创新精神。这种积极的创新文化为创新活动提供了良好的氛围和环境，激发了创新主体的潜力和创造力。"长三角"创新一体化的创新生态在"长三角"地区的形成，为创新活动的开展和创新成果的转化提供了有力支持。通过创新资源的整合和优化利用，创新主体的协同合作，创新网络的拓展和创新文化的培育，"长三角"地区的创新一体化能够实现创新要素的高效流动和创新能力的集聚，进而推动地区的创新产业的发展和创新经济的繁荣。

（四）"长三角"创新一体化建设和发展的经验

"长三角"创新一体化建设和发展的经验主要表现在以下几个方面：

第一，制定整体规划："长三角"地区在创新一体化建设上制定了整体规划和发展目标，明确了创新一体化的战略定位和发展路径。这有助于统筹协调各地区的创新资源和创新要素，促进协同发展。

第二，加强政策支持：政府出台了一系列创新政策，包括资金支持、人才引进、知识产权保护等方面的政策。这些政策为创新一体化提供了良好的政策环境和支持，激发了创新主体的积极性和创造力。

第三，建设创新平台："长三角"地区建设了一批创新平台，包括科技创新服务平台、创新创业孵化器、科技园区等。这些平台为创新主体提供了场地、技术、资金和服务支持，促进了创新资源的整合和创新成果的转化。

第四，促进产学研合作："长三角"地区注重推动产学研合作，建立了产学研合作机制和平台。通过企业、高校、科研院所等各方的合作，促进了科技成果的转化和应用，加快了创新成果的落地和产业化。

第五，强化人才培养："长三角"地区注重人才培养和引进，通过建设高水平的创新人才培养平台和引进高层次人才，提升了地区的创新能力和竞争力。同时，注重培养创新创业意识和能力，激发创新主体的创新创业热情。

第六，加强国际合作："长三角"地区积极与国际创新中心和企业进行交流与合作，引进国际先进技术和创新成果。通过国际合作，促进了本地区创新能力的提升和国际竞争力的增强。总体来说，"长三角"创新一体化建设和发展的经验包括制定整体规划、加强政策支持、建设创新平台、促进产学研合作、强化人才培养和加强国际合作等方面。这些经验为其他地区推动创新一体化发展提供了借鉴和参考。

三、长江中游城市群创新发展的经验

（一）武汉都市圈创新发展的主要经验

武汉都市圈是指以武汉市为核心，包括周边若干个城市及其相邻地区的城市群。具体来说，武汉都市圈包含以下城市：

武汉市：作为都市圈的核心城市，武汉是湖北省的省会，也是中部地区的重要中心城市。武汉市是全国重要的交通枢纽和经济中心，拥有丰富

的创新资源和产业基础。

黄石市：位于武汉市的西部，是湖北省的重要工业城市，主要产业包括钢铁、化工、能源等。黄石市与武汉市之间的经济联系紧密，是武汉都市圈的重要组成部分。

鄂州市：位于武汉市的东部，是湖北省的一个重要工业城市，也是武汉都市圈的一部分。鄂州主要产业包括化工、冶金、能源等。

孝感市：位于武汉市的北部，是湖北省的重要中心城市之一。孝感拥有发达的制造业和现代服务业，是武汉都市圈的重要支撑城市。

此外，武汉都市圈还包括黄冈市、咸宁市、仙桃市、天门市、潜江市等周边地区。这些城市在经济、文化、交通等方面与武汉市具有紧密的联系和合作关系，共同构成了武汉都市圈。

武汉都市圈在创新发展方面的一些主要经验，主要表现在以下几个方面：

第一，优化创新生态：武汉都市圈注重优化创新生态，建设了一批高水平的科研机构、高校和企业孵化器，提供了良好的创新平台和支持服务。同时，推动产学研合作，促进科技成果的转化和应用，形成了创新驱动的发展模式。

第二，强化人才培养：武汉都市圈注重人才培养，通过建设高水平的大学和科研机构，吸引了大量的高层次人才。同时，加强人才培训和引进，提升人才的创新创业能力，为创新发展提供了人才支撑。

第三，加强政策支持：武汉都市圈出台了一系列支持创新发展的政策，包括资金支持、税收优惠、知识产权保护等方面的政策。这些政策为创新主体提供了良好的政策环境和支持，激发了创新创业的活力。

第四，加强产业协同发展：武汉都市圈注重推动产业协同发展，建立了产业联盟和产业园区，促进了产业链的延伸和产业协同创新。通过产业协同发展，提高了整个都市圈的创新能力和竞争力。

第五，加强国际合作：武汉都市圈积极开展国际合作，与国际创新中心和企业进行交流与合作，引进国际先进技术和创新成果。通过国际合作，提高了都市圈的创新水平和国际竞争力。总的来说，武汉都市圈在创新发展方面的主要经验包括优化创新生态、强化人才培养、加强政策支持、加强产业协同发展和加强国际合作等方面。这些经验为其他地区推动创新发展提供了借鉴和参考。

（二）"长株潭"一体化创新发展的主要经验

"长株潭"一体化创新区是指以长沙市、株洲市和湘潭市为核心的创新区域。具体来说，包含以下地方：

长沙市：作为湖南省的省会和长株潭一体化创新区的核心城市，长沙市在经济、科技、文化等方面具有较高的发展水平和创新能力。

株洲市：位于长沙市的北部，是湖南省的重要工业城市之一。株洲市在制造业、汽车产业、机械制造等领域具有一定的创新优势。

湘潭市：位于长株潭一体化创新区的西部，是湖南省的重要中心城市之一。湘潭市在新材料、装备制造、电子信息等领域具有较强的创新能力。

"长株潭"一体化创新区的主要经验表现在以下几个方面：

第一，建立创新联动机制：长株潭一体化创新区通过建立创新联动机制，促进三个城市之间的互动和协作。通过共享创新资源、合作开展科研项目、共同发展创新产业等方式，实现创新资源的优化配置和创新成果的共享转化。

第二，强化科技创新支撑：长株潭一体化创新区注重科技创新支撑，加强科研机构和高校的建设，引进和培养高层次的科研人才。通过建设创新平台、加强科研合作等方式，提升创新能力和科技创新水平。

第三，推动产业协同发展：长株潭一体化创新区注重推动产业协同发展，通过建设产业联盟、产业园区等方式，促进产业链的延伸和产业协同创新。通过加强产业协同发展，提高整个创新区的产业竞争力和创新能力。

第四，加强政策支持：长株潭一体化创新区出台一系列支持创新发展的政策，包括资金支持、税收优惠、知识产权保护等方面的政策。这些政策为创新主体提供了良好的政策环境和支持，激发了创新创业的活力。总的来说，长株潭一体化创新区的主要经验包括建立创新联动机制、强化科技创新支撑、推动产业协同发展和加强政策支持等方面。这些经验为其他地区推动创新发展提供了借鉴和参考。

（三）环鄱阳湖城市群创新发展的主要经验

环鄱阳湖城市群是指以江西省鄱阳湖为核心，包括周边若干个城市及其相邻地区的城市群。具体来说，环鄱阳湖城市群包含以下城市：

南昌市：作为江西省的省会和环鄱阳湖城市群的核心城市，南昌市在经济、科技、教育等方面具有较高的发展水平和创新能力。

九江市：位于鄱阳湖的北部，是江西省的重要中心城市之一。九江市在制造业、物流业、旅游业等领域具有较强的创新潜力。

上饶市：位于鄱阳湖的东南部，是江西省的重要中心城市之一。上饶市在农业、旅游业等领域具有一定的创新优势。

新余市：位于鄱阳湖的西北部，是江西省的重要工业城市之一。新余市在电子信息、新能源等领域具有较强的创新能力。

鹰潭市：位于鄱阳湖的西南部，是江西省的重要工业城市之一。鹰潭市在有色金属、新材料等领域具有一定的创新潜力。

景德镇市：位于鄱阳湖的东北部，有着千年瓷都的产业基础和品牌优势，建设世界瓷都、赣东北工业重镇和文化生态旅游城市。

环鄱阳湖城市群创新发展的主要经验表现在以下几个方面：

第一，发挥湖泊资源优势：环鄱阳湖城市群充分发挥了鄱阳湖的湖泊资源优势，通过保护和利用湖泊资源，推动生态环境保护和可持续发展。

第二，强化产学研合作：环鄱阳湖城市群注重产学研合作，建立了一批高水平的科研机构和高校，促进科技成果的转化和应用，推动创新发展。

第三，加强基础设施建设：环鄱阳湖城市群加强基础设施建设，包括交通、通信、能源等方面的建设，提高城市群的整体竞争力和发展潜力。

第四，建立创新平台：环鄱阳湖城市群建立了一批创新平台，包括科技园区、产业园区等，为创新创业提供了良好的平台和支持。

第五，加强国际交流与合作：环鄱阳湖城市群积极开展国际交流与合作，与国际创新中心和企业进行交流与合作，引进国际先进技术和创新成果，提升城市群的创新能力和国际竞争力。总的来说，环鄱阳湖城市群的主要经验包括发挥湖泊资源优势、强化产学研合作、加强基础设施建设、建立创新平台和加强国际交流与合作等方面。这些经验为其他地区推动创新发展提供了借鉴和参考。

四、天山北坡城市群引领性区域创新高地建设和发展

（一）新疆天山北坡城市群创新发展的历程

新疆天山北坡城市群是以乌鲁木齐、石河子和克拉玛依市为轴心的新疆准噶尔盆地南缘天山北坡中段城市群，包括乌鲁木齐市、昌吉市、阜康市、呼图壁县、玛纳斯县、石河子市、沙湾市、乌苏市、奎屯市、克拉玛依市等。新疆天山北坡城市群经历了以下发展历程：

第一，早期发展阶段（20世纪50~80年代）：在新疆的早期发展阶段，天山北坡地区主要是农牧业为主的经济模式。在这个阶段，城市群的创新发展相对较弱，主要依靠传统农牧业和资源开发为支撑。

第二，改革开放阶段（20世纪80~90年代）：改革开放以后，天山北坡地区的经济加快发展。特别是在乌鲁木齐市和克拉玛依市，引进了一批重要的工业和能源企业，推动了城市群的工业化进程。

第三，资源优势转型阶段（21世纪初至21世纪10年代）：在这个阶段，新疆天山北坡城市群开始从传统农牧业和资源开发向多元化经济发展转型。依托天山北坡地区丰富的煤炭、油气等资源，逐步发展了煤电、石油化工、新能源等新兴产业。

第四，创新驱动发展阶段（21世纪10年代至今）：随着国家创新驱动发展战略的推进，新疆天山北坡城市群开始注重创新发展。乌鲁木齐市和克拉玛依市建设了一批高新技术产业园区和创新创业基地，吐鲁番市发展了太阳能光伏产业，推动了城市群的创新和创业活动。总的来说，新疆

天山北坡城市群创新发展经历了从传统农牧业和资源开发阶段到多元化经济发展的转型，未来，随着新疆进一步推进创新驱动发展战略，天山北坡城市群有望继续实现创新和高质量发展。

（二）新疆天山北坡城市群创新发展的现状和趋势

1. 新疆天山北坡城市群创新发展现状

新疆天山北坡城市群在创新发展方面取得了一定的成绩，主要表现在：

第一，创新能力提升：天山北坡城市群在科技创新方面取得了一些突破，建立了一批高新技术产业园区和创新创业基地，培育和引进了一些高层次人才。

第二，产业升级：城市群依托丰富的煤炭、油气等资源，逐步发展了煤电、石油化工、新能源等新兴产业，推动了产业结构的升级和转型。

第三，跨境合作：天山北坡城市群与中亚国家的经济合作日益紧密，加强了与哈萨克斯坦、吉尔吉斯斯坦等国家的经贸往来，推动了区域互联互通和经济合作发展。

2. 新疆天山北坡城市群创新发展趋势

新疆天山北坡城市群未来发展趋势主要有几个方面：

第一，创新驱动发展：天山北坡城市群将继续加大创新驱动发展力度，注重科技创新和人才引进，推动科技成果转化和产业升级，提高城市群的创新能力和竞争力。

第二，跨境合作拓展：城市群将进一步加强与中亚国家的经济合作，推动跨境产业链和价值链的深度融合，实现互利共赢的发展。

第三，绿色发展：天山北坡城市群将注重生态环境保护和可持续发展，推动绿色产业的发展，促进资源的合理利用和环境的持续改善。

第四，人才培养：城市群将加大人才培养和引进力度，培养一批高素质的创新创业人才，为城市群的创新发展提供强有力的人力资源支持。

第五，基础设施建设：天山北坡城市群将继续加强基础设施建设，包括交通、能源、通信等方面的建设，提高城市群的整体发展水平和竞争力。

总的来说，新疆天山北坡城市群在创新发展方面具有较大的潜力和机遇。未来，城市群将加大创新投入，加强跨境合作，推动绿色发展，培养人才，加强基础设施建设，实现更高水平的创新发展和可持续发展。

（三）新疆天山北坡城市群创新发展的地位及作用

1. 新疆天山北坡城市群创新发展的地位

新疆天山北坡城市群在新疆及整个西部地区的创新发展中具有重要地位：

第一，地理位置优势：天山北坡城市群位于新疆的中心地带，毗邻中亚国家，地理位置优越。这使该城市群成为连接中国与中亚的重要门户，具备了发展跨境合作和区域经济的优势。

第二，经济发展引擎：作为新疆的经济中心，天山北坡城市群对于区域经济的发展起到了重要的引擎作用。城市群内的乌鲁木齐市、克拉玛依市等城市拥有丰富的资源和较为完善的基础设施，推动了区域经济的增长和发展。

第三，创新创业中心：天山北坡城市群在新疆的创新创业中具有重要地位。城市群内建设了一批高新技术产业园区和创新创业基地，吸引了大量创新人才和创业项目。这些创新创业平台为科技创新和产业升级提供了支持，推动了城市群的创新发展。

第四，人才集聚地：天山北坡城市群通过引进和培养高层次人才，吸引了大量优秀人才的聚集。这些人才为城市群的创新发展提供了重要支持，推动了科技创新和产业升级。

第五，区域协调发展：天山北坡城市群作为新疆的核心城市群，承担着促进区域协调发展的重要任务。通过加强城市群内部的合作与协同，实现资源共享和优势互补，推动了区域经济的整体发展。总的来说，新疆天山北坡城市群在新疆及西部地区的创新发展中具有重要的地位。其地理位置优势、经济发展引擎、创新创业中心、人才集聚地以及区域协调发展的作用，都为城市群的创新发展提供了有力支撑。

2. 新疆天山北坡城市群创新发展的作用

新疆天山北坡城市群在新疆的经济发展中具有重要作用，主要表现在以下几个方面：

第一，经济增长引擎作用：作为新疆的核心城市群，天山北坡城市群对区域经济增长起到了引擎作用。城市群内的乌鲁木齐市、石河子市、昌吉市创新资源丰富，推动了新疆创新发展。

第二，创新创业中心作用：天山北坡城市群在新疆的创新创业中具有重要地位。乌鲁木齐市、石河子市、昌吉市等城市建设了一批高新技术产业园区和创新创业基地，吸引了大量创新人才和创业项目，推动了区域创新创业的发展。

第三，区域合作平台作用：天山北坡城市群作为新疆与中亚国家经贸往来的重要节点，也是区域合作的重要平台。城市群加强与哈萨克斯坦、吉尔吉斯斯坦等国家的经济合作，促进了区域互联互通和经济合作发展。

第四，人才集聚地作用：天山北坡城市群吸引了大量高层次人才的聚集。乌鲁木齐市、克拉玛依市等城市通过引进和培养高素质人才，推动了科技创新和产业升级，提升了城市群的创新能力和竞争力。

第五，区域协调发展作用：天山北坡城市群作为新疆的核心城市群，承担着区域协调发展的重要任务。通过加强城市群内部的合作与协同，实现资源共享和优势互补，推动了区域经济的整体发展。总的来说，新疆天山北坡城市群在新疆经济发展中扮演着重要的角色。作为经济增长引擎、创新创业中心、区域合作平台和人才集聚地，城市群推动了经济的发展和创新能力的提升。同时，城市群也促进了区域的协调发展和整体竞争力的提升。

（四）新疆天山北坡城市群发展的创新政策及创新生态

1. 新疆天山北坡城市群发展的创新政策

在新疆天山北坡城市群的发展中，政府采取了一系列创新政策来促进创新创业和科技发展，典型的创新政策主要有：

第一，创新引领计划：政府制订了一系列创新引领计划，鼓励和支持企业加大科技研发投入，推动科技成果转化和产业升级。政府提供创新创业项目的资金支持、税收优惠和科技服务等方面的支持。

第二，人才引进和培养：政府出台了一系列人才引进和培养政策，吸引高层次人才和创新创业人才来到天山北坡城市群。政府提供人才补贴、住房和子女教育等方面的支持，为人才提供优越的工作和生活环境。

第三，创新创业平台建设：政府支持建设创新创业平台，包括高新技术产业园区、创新创业孵化器等。这些平台提供办公场地、技术支持、创业指导和投融资服务等支持，为创新创业者提供了良好的创业环境。

第四，科技金融支持：政府鼓励银行和金融机构加大对科技创新项目的金融支持。设立科技创新专项资金，提供贷款、担保和风险投资等金融服务，降低创新创业的融资难度。

第五，创新合作与交流：政府推动创新合作与交流，加强企业与高校、科研院所的合作，促进科技成果的转化和应用。政府组织举办创新创业大赛、科技交流会等活动，搭建创新创业者交流平台。总的来说，新疆天山北坡城市群的创新政策从多个方面提供了支持和激励，包括资金支持、人才引进、创业平台建设、科技金融支持以及创新合作与交流等。这些政策的出台和实施，为城市群的创新发展提供了有力的政策保障和支持环境。

2. 新疆天山北坡城市群发展的创新生态

在新疆天山北坡城市群的发展过程中形成了丰富的创新生态，主要包括以下几个方面：

第一，创新创业氛围：天山北坡城市群的发展为创新创业营造了浓厚的氛围，政府鼓励创新创业，社会对创新创业持支持态度，创新创业者受到高度重视，这种创新创业氛围激发了人们的创新潜能，促进了创新活动的蓬勃发展。

第二，创新创业资源：天山北坡城市群积聚了丰富的创新创业资源。这包括高校科研实力、科技人才、创新创业平台、科技金融支持等。这些资源的积聚为创新活动提供了必要的支持和保障。

第三，创新创业网络：天山北坡城市群形成了密集的创新创业网络。高校、科研机构、企业、创新创业孵化器等各类创新主体之间形成了紧密的合作关系和信息交流渠道。这种创新创业网络促进了资源共享、合作创新和创新创业项目的孵化。

第四，创新创业支持政策：政府出台了一系列支持创新创业的政策，包括资金支持、人才引进、税收优惠等。这些政策为创新创业者提供了重要的支持和激励，推动了创新创业的发展。

第五，创新创业文化：天山北坡城市群形成了积极向上的创新创业文化。创新创业者被视为社会的积极力量和榜样，创新创业的成功故事被广泛传播和宣传。这种创新创业文化激励了更多人参与到创新创业中。总的来说，新疆天山北坡城市群的创新生态丰富多样，包括创新创业氛围、创新创业资源、创新创业网络、创新创业支持政策和创新创业文化等方面。这种创新生态的形成为城市群的创新发展提供了有利条件和良好环境。

（五）天山北坡引领性区域创新高地建设和发展的主要经验

天山北坡引领性区域创新高地的建设和发展积累了一些主要经验，包括以下几个方面：

第一，制定明确的发展战略：天山北坡城市群在建设创新高地的过程中，制定了明确的发展战略和规划。这些战略和规划明确了城市群的发展方向和目标，为创新创业提供了明确的导向和支持。

第二，加强政府引导和支持：政府在天山北坡城市群的创新发展中发挥了重要作用。政府通过出台创新政策、提供创业资金支持、搭建创新平台等方式，引导和支持创新创业活动。政府还加强与高校、科研机构的合作，提供优质的科研资源和人才支持。

第三，打造创新创业生态系统：天山北坡城市群注重打造创新创业生态系统，包括高校科研机构、企业孵化器、科技金融机构等各类创新主体的合作与协同。这种生态系统提供了创新创业所需的资源、支持和服务，促进了创新创业的良性循环。

第四，引进和培养高层次人才：天山北坡城市群注重引进和培养高层次人才，提高创新创业的人才支撑力。政府通过出台人才引进政策、提供人才补贴和优质的工作生活环境等方式，吸引了大量优秀人才的加入。

第五，加强国际交流与合作：天山北坡城市群注重与国际间的交流与合作。通过与国际组织、企业和科研机构的对接与合作，引进国际先进科技和创新资源，促进了城市群的创新能力和国际竞争力的提升。总的来说，天山北坡引领性区域创新高地建设和发展的主要经验包括制定明确的发展战略、加强政府引导和支持、打造创新创业生态系统、引进和培养高层次人才，以及加强国际交流与合作。这些经验为城市群的创新发展提供了重要的指导和借鉴。

第三章 广西创新空间布局的
发展现状分析

第一节 广西城市创新资源配置与分布现状

习近平总书记强调，要加快推进有利于提高资源配置效率的改革，促进区域创新发展。广西作为中国西南区域的一个重要地区，正致力于建设引领性创新高地，以推动经济转型升级和创新驱动发展。广西正在积极推动创新体制机制改革，构建以市场为导向、企业为主体、产学研深度融合的创新体系。通过减少行政审批、优化科研经费使用、改革人才评价制度等措施，为创新提供更加优化的环境。广西在先进制造业、新能源、新材料、生物医药等领域推动创新发展。例如，广西积极发展智能制造、新能源车辆、光电子材料等先进制造业，推动行业技术水平的提升和产业转型升级。广西建设了一批创新载体和基地，包括广西科技创新中心、高新技术产业开发区、创新创业园区等。这些载体和基地提供了创新创业的场所和创新资源，吸引了大量创新创业人才和项目落地。广西加大科技研发投入和人才引进力度，推动科技研发和人才培养。通过设立科技创新基金、加强产学研合作、引进高层次人才等措施，提升创新能力和核心竞争力。广西积极推进与东盟国家和世界各地的创新合作与交流。通过举办创新创业大赛、组织国际创新论坛等活动，促进国际创新资源的对接与共享，提高广西在全球创新网络中的影响力。

首都科技发展战略研究院发布的《中国城市科技创新发展报告2022》显示，广西的综合科技创新水平指数有所提高，稳居全国区域创新第二梯队。广西引领性创新高地的建设正处于积极推进的阶段，政府和企业不断加大创新力度，通过政策支持、资源整合和合作交流等手段，努力打造具有国际竞争力和影响力的创新高地，为广西经济发展注入新的活力和动力。首先，广西高度重视科技创新，加大研发投入，提高科技创新能力。近年来，广西全社会研发投入占地区生产总值的比重逐年上升，科技进步对经济增长的贡献率不断提高，广西积极推动创新型企业发展，培育了一批高新技术企业和创新型企业，形成了以企业为主体的技术创新体系。其次，广西积极推动传统产业转型升级，大力发展新兴产业。广西积极引导企业加大技术改造力度，提高产业附加值。同时，广西充分发挥区位优势，加强与东盟国家的经贸往来，推动产业国际化发展，以电子信息、生物医药、新材料等为代表的高新技术产业发展迅速，成为拉动经济增长的新引擎。再次，广西高度重视人才培养和引进，提高人才队伍整体素质；加大高等教育投入，提升高校科研水平，培养了一批高层次创新人才，积极引进国内外优秀人才，为创新发展提供人才支撑；加强与区外高校、科研院所的合作与交流，促进人才资源共享。最后，广西积极参与国际科技创新合作，拓宽合作领域和渠道；广西与东盟国家在经贸、科技、教育等领域开展了广泛合作，共同推进区域创新能力提升，加强与国内先进地区的合作，学习借鉴先进经验，提升自身创新能力。

近年来，出台了一系列科技创新政策，用以支持城市创新资源配置与创新空间布局，具体如表3-1所示。

表 3-1　近期广西代表性科技创新类政策文件

时间	文件名	文号
2021 年 9 月 3 日	《关于进一步深化科技体制改革推动科技创新促进广西高质量发展的若干措施》	桂科计字〔2021〕180 号
2021 年 8 月 4 日	《关于促进广西高新技术产业开发区高质量发展的若干措施》	桂政办发〔2021〕81 号
2021 年 8 月 16 日	《科技强桂三年行动方案（2021—2023 年）》	桂办发〔2021〕14 号
2023 年 11 月 14 日	《广西壮族自治区科学技术普及三年行动方案（2024—2026 年）》的通知	桂科智字〔2023〕91 号
2022 年 5 月 13 日	《广西壮族自治区科技创新条例》	十三届第 68 号
2021 年 10 月 29 日	《广西科技创新"十四五"规划》	桂政发〔2021〕39 号
2023 年 11 月 22 日	《自治区科技厅关于公布第二批自治区科技创新合作基地名单的通知》	桂科外字〔2023〕73 号
2016 年 9 月 19 日	《广西科技创新"十三五"规划》	桂政办发〔2016〕111 号
2022 年 6 月 20 日	《关于支持女性科技人才在科技创新中发挥更大作用的具体落实措施》	桂科政字〔2022〕43 号
2022 年 4 月 29 日	《关于完善广西科技成果评价机制的实施意见》	桂政办发〔2022〕29 号
2021 年 9 月 3 日	《关于进一步深化科技体制改革推动科技创新促进广西高质量发展的若干措施》	桂科计字〔2021〕180 号

一、各地级市科技人才和科技企业相关情况

（一）南宁市

2022 年南宁市公布一批专业技术拔尖人才和优秀青年专业技术人才名单，共有 52 名专业技术拔尖人才和 99 名优秀青年专业技术人才入选。其中，与产业发展密切相关的工程技术类人才共 51 名，占总人数的 33.55%；51 名工程技术学科入选中，属南宁市重点产业的企业人才 20 名，占学科人数的 39.22%；38 名卫生学科入选中，奋战在防疫一线人才共 19 名，占学科人数的 50%①。根据南宁市统计局的数据，截至 2022 年，南宁市高新技术企业保有量达 1151 家，占全区的 41.1%；广

---

① 南宁日报评论员.南宁市公布一批专业技术拔尖人才和优秀青年专业技术人才名单[N].南宁日报，2022-09-13.

西瞪羚企业达 37 家，占全区的 34.6%；国家科技型中小企业入库 853 家，占全区的 32.5%，各类科技型企业数量均居全区首位。科技创新平台建设稳步推进，全市国家级创新平台数量累计达 32 家，占全区的 33.3%①。

（二）柳州市

截至 2022 年末，柳州全市有技能劳动者 59.53 万人，专业技术人员 23.07 万人，产业工人队伍超 52 万人②。柳州市已经成功引进了 3.29 万名科技人才，使全市的人才总量超过了 93 万人，除此之外，柳州市还荣获了 2021 年度广西科学技术奖 17 项，其中，技术发明奖二等奖 2 项、三等奖 3 项，科学技术进步一等奖 1 项、二等奖 3 项、三等奖 6 项；科学技术合作奖 1 项；企业科技创新奖 1 项③。柳州市现有中高职院校 25 所，在校生近 15 万人，2020 年开始试运行广西（柳州）职业技能公共实训基地计划。全市现有国家级技能大师工作室 18 个，累计建成博士后科研工作站 12 个、自治区级人才小高地 5 个、市级人才小高地 18 个。

（三）桂林市

截至 2023 年底，桂林市拥有中国科学院院士 1 位，国家级"千人计划"创新创业人才 4 位，"万人计划"和"长江学者"各 1 位，自治区级"八桂学者" 31 位、特聘专家 27 位、优秀专家 59 位，高层次领军人才数量位居广西前列。桂林市累计认定高层次人才 121 名，累计兑现高层次人才奖励 686 万元④。除此之外，高新技术企业保有量从 86 家增长到 385 家，国家级科技创新平台数量从 23 家增长到 64 家，技术交易额从 0.58 亿元增长到 30.78 亿元⑤。桂林市七星区是桂林市科技企业的主要聚集地

① 南宁市人民政府办公室．关于印发南宁市工业和信息化发展第十四个五年规划的通知 [N]．2022-02-24.

② 柳州市投资促进局．柳州的人力资源情况如何？[EB/OL]．http：//www.liuzhou.gov.cn/sjzt/zxzt/zwzt/cyzs/zsk/202208/t20220803_3110550.shtml，2023-08-22.

③ 柳州创新驱动赋能工业高质量发展 [EB/OL]．新华网，2022-01-15.

④ 桂林日报评论员．我市累计认定高层次人才 121 名 [EB/OL]．http：//epaper.guilin-life.com/glrbh5/glrb/20240216/Articel02001NR.htm，2024-02-16.

⑤ 桂林市科学技术局．桂林市科技创新发展情况 [EB/OL]．2022-12-31.

之一。此外，桂林市七星区还设有桂林科创增材制造产业园、七星区科技企业发展中心两个重要的孵化平台，用于促进高校及企业的科技成果转化和高新技术产业化[①]。

（四）北海市

自 2023 年以来，北海市大力开展引育人才、成就人才、服务人才"三大行动"和"向海聚才"行动计划，大力引育教育领域优秀人才、卫生健康领域优秀人才、产业优秀人才、国有企事业单位急需专业人才、名人名家和乡村产业振兴人才六类。通过外引内培、分类施策加快人才集聚，2023 年上半年共引进党政青年人才 79 人、教育人才 133 人、卫生健康人才 56 人。全市七大产业园区共集聚专业技术人才 6.3 万多名。截至 2023 年 7 月，北海市共新增高技能人才 509 名、技师高级技师 76 名[②]。据探客查，北海市引进了中国电子信息产业集团公司、广西长城计算机有限公司、北京恒基伟业电子产品有限公司、广西桂能信息工程有限公司、杭州贝因美科技有限公司、冠德科技（深圳）有限公司、韩国（株）泰华木材、泰国正大集团卜蜂（北海）水产饲料有限公司、广西北海玉柴高级润滑油有限公司、桂林福达集团有限公司以及北海的上市公司北海国发海洋生物产业股份有限公司、北海银河高科技产业股份有限公司等多家知名企业[③]。

（五）钦州市

近年来，钦州市紧密围绕国家和自治区的重大战略部署，以及全市发展大局，全面实施了人才强市战略，积极推进了"钦聚英才"计划。该市累计引进了超过 1600 名急需人才，人才总量从 15.08 万人增长到 25 万人，增长了 64.33%。同时，该市还积极建设了 46 个自治区级以上的人才创新平台，培育了 301 家高新技术企业，并完成了 115 个重大科技成果的

① 中新网广西. 桂林市七星区开展 2024 年智能电子产业、校友招商推介［EB/OL］. http：//www.gx.chinanews.com.cn/gxgd/2024-03-27/detail-ihcyxqnr9165062.shtml, 2024-03-27.

② 北海日报评论员. 北海打出"引育留用"组合拳——全力打造向海人才集聚地［EB/OL］. 2023-10-08.

③ 探客查. 北海大型企业名单（北海大型企业名单公示）［EB/OL］. 2021-11-30.

转化项目。为促进人才发展，市政府还投入了 1.97 亿元的专项资金①。第十批钦州市拔尖人才和优秀青年科技人才申报评选活动公告发布，市拔尖人才和优秀青年科技人才各评选 50 名左右②。截至 2022 年底，钦州市科技型中小企业入库 162 家，国家高新技术企业保有量达 163 家③。

（六）防城港市

防城港市共引进了 26 名高层次人才，其中包括 9 名国家级高层次人才。此外，全市还成功引进了 958 名党政机关和事业单位的人才，其中包括 466 名医疗卫生人才、318 名教育人才和 174 名其他人才。此外，全市高级职称专业技术人员达 3200 人④。防城港市港口区被列为 2023 年全国科技创新百强区之一。近年来，防城港市港口区税务局组建了专业服务团队，为辖区内 32 家高新技术企业及多家先进制造业送来定制化税务服务，帮助企业充分了解享受增值税即征即退、企业所得税减免等税收优惠政策⑤。

（七）崇左市

截至 2022 年，崇左市先后开展 3 个批次选拔活动，共选拔 61 名专业技术拔尖人才和青年专业技术人才。自 2018 年以来先后实施红棉工匠、教育名师、卫生名医、乡村人才、企业人才等人才计划，选拔激励 218 名乡村基层、企业一线、公共服务等领域人才。择优选送定向培养 1346 名农村小学全科教师，选送定向培养村医 604 名，选送培养订单定向免费医学生 563 名，统筹解决基层民生领域人才匮乏问题。大规模实施"乡村振兴人才强素质工程"，开展 716 个班次培训乡村人才 8.2 万多人次，3.8

①　广西新闻网评论员. 钦州近 5 年人才总量由 15.08 万人增长至 25 万人 [EB/OL]. 广西新闻网，2022-10-09.

②　第十批钦州市拔尖人才和优秀青年科技人才申报评选活动公告 [EB/OL]. 钦州人才网，2022-03-10.

③　钦州市科技局."2022 年广西高新技术企业百强"发布钦州 5 家上榜！[EB/OL].2023-01-13.

④　人民网评论员. 防城港市加大科技创新主体培育力度 [EB/OL]. 人民网，2022-10-29.

⑤　防城港市港口区上榜 2023 年全国科技创新百强区 [EB/OL]. 中国新闻网，2024-01-05.

万名受训合格人才入库，1.6万人依靠技能技术实现就业增收，有效增强乡村产业振兴的"底气"①。2022年，崇左市的高新技术产业总产值达到了31.8亿元，同比增长了15.3%。这表明崇左市正在积极发展新能源、新材料、新医药、新能源汽车等产业。

（八）百色市

百色市提升高层次人才服务水平，完善红城人才"一站式"服务平台建设，抓好高层次人才认定以及认定结果运用和管理工作，截至2022年6月底，共下文认定高层次人才2793人，其中：A层次2人、B层次32人、C层次343人、D层次976人、E层次1440人②。百色市2022年已引进55位高层次人才和10个创新创业团队，共组建三批"蓝火计划"博士生工作团，选派博士生73名，共新建科技创新创业平台54个。在百色市的四大主导产业中，新型生态铝产业项目31个，总投资278亿元，比2022年同期增长37.59%；林业产业项目24个，总投资112.78亿元；新能源产业项目41个，总投资244.73亿元；新材料产业项目11个，总投资49.13亿元③。

（九）河池市

河池市一直将留住和充分利用本地人才视为解决人才短缺难题的核心策略。河池市政府建立了25个人才小高地，提供了平台育人的机会。通过这些平台，成功培养了5600多名本地人才，使他们能够充分发挥自己的潜力④。截至2023年，全市全社会研究与试验发展（R&D）经费投入强度达0.6%，规模以上工业企业中有研发活动企业占比突破15%，高新技术企业保有量40家以上，引育高层次创新人才10人以上，技术合同成

① 左江日报评论员．海纳百川，构建人才集聚新高地——党的十八大以来我市人才工作创新发展综述［N］．左江日报，2022-01-13.

② 百色市人力资源和社会保障局．我市引才育才和服务工作齐头并进［EB/OL］．http：//www.baise.gov.cn/ztlm/jyfwzt/gzcx/t13205336.shtml，2022-07-21.

③ 百色政府网．"项目为王"蓄势赋能高质量发展［EB/OL］．http://www.bsyj.gov.cn/xxgk/zfxxgk/fdzdgknr/jbxxgk/wjzl/zfwj/yzf/t18189730.shtml，2024-01-30.

④ 河池先锋快讯评论员．为高质量发展提供强大人才支撑［N］．河池先锋快讯，2021-12-14.

交额总额累计突破 20 亿元，转化科技成果累计 100 项以上①。全市全年科技成果登记 71 项，其中应用技术类科技成果 66 项，基础技术类科技成果 5 项②。

（十）来宾市

来宾市积极实施"万才返乡振兴家乡"人才计划，吸引了 1.5 万名来宾籍人才回到家乡从事各类工作和创业，同时还创办了 4000 多家经营主体。通过实施人才计划，来宾市成功吸引了大量的本地人才返乡创业和发展③。来宾市正在积极推动企业高端化、智能化、绿色化的发展。为了支持这一目标，来宾市构建了以 2 个国家级孵化器示范基地、4 个自治区级技术中心和若干个企业自建技术中心为主体的"2+5+N"多层次集群创新平台④。

（十一）贵港市

2022 年贵港市政府为企业搭建了良好的引才和引技平台，组织并指导企事业单位引进了 36 名高层次人才，其中包括 25 名硕士学历人才、5 名博士学历人才以及 6 名具备副高以上技术职称的人才⑤。与此同时，贵港市正在深入实施工业振兴战略，建立了结构优化、技术先进、绿色安全、附加值高、吸纳就业能力强的现代工业体系。着力打造新能源（智能）汽车和电动车、先进装备制造、生物医药、新一代信息技术、精细化工、新材料六大战略性新兴产业集群，同时也在促进优质农产品精深加工、绿色木业环保家居、纺织服装服饰、新型建材、新能源五大特色优势产业的转型升级⑥。

① 河池市科技局. 先进技术数据［EB/OL］. 2023-01-15.

② 河池市科技局. 科技成果数据［EB/OL］. 2022-12-31.

③ 来宾先锋评论员. 引雁回巢"三张牌"赋能发展聚英才——实施"万才返乡振兴家乡"人才计划综述［EB/OL］. 2021-10-14.

④ 一根甘蔗"吃干用尽"——来宾市打造糖业全产业链工作综述［N］. 来宾日报, 2023-10-23.

⑤ 贵港市科技局. 市科技局多措并举做好人才工作［EB/OL］. http://www.gxgg.gov.cn/bmdt/t11240090.shtml, 2022-01-30.

⑥ 2022 年贵港市产业布局及产业招商地图分析［R］. 2022-04-28.

（十二）玉林市

玉林市在人才方面有一些重要的举措和政策。首先，玉林市政府在2024年的政府工作报告中提出了"大人才观"，创新人才招引培育机制，用好市内外人才资源，推进玉师玉生回归①。玉林市引育高层次创新人才865人，实施科研项目达880多项，获6项国家科学技术奖。同时玉林市广西先进装备制造城（玉林）、龙港新区玉林龙潭产业园区、广西（北流）轻工产业园、玉林（福绵）节能环保生态产业园等工业园区稳步发展，先后获评为广西工业高质量发展工作先进市、工业投资先进市②。

（十三）梧州市

截至2023年，全市各类人才资源总量已累计达20多万人③。2022年1~11月，全市新增广西战略性新兴产业企业29家，累计96家；新增广西技术创新示范企业2家，累计12家；新增自治区级企业技术中心4家，累计50家，其中1家同时为国家级企业技术中心；新增自治区级专精特新中小企业8家，累计41家；新增国家级专精特新"小巨人"企业1家，累计7家；新增智能工厂企业4家，累计12家；新增数字化车间企业5家，累计7家④。截至目前，梧州市从大湾区引进人才3600多名，落户人才创新项目60多个。梧州市拥有丰富的人才资源，总量达21万人。高层次人才的数量较2016年翻了一番，为梧州经济高质量发展提供了源源不断的人才智力支持⑤。2023年上半年，梧州有9家企业获得了2022年广西数字化车间和广西智能工厂示范企业的称号⑥。2020年第一批梧州市

---

① 2024年玉林市政府工作报告［R］.2024-02-29.

② 玉林，一个科技创新发展高地！［N］.玉林日报，2023-05-20.

③ 海纳百川汇人才筑巢引凤聚梧州梧州市人才发展工作综述［N］.梧州日报，2023-04-17.

④ "再造一个工业梧州"取得新成效｜2022年梧州市全年预计完成工业投资同比增长20%以上［EB/OL］.搜狐，2022-12-30.

⑤ 梧州日报评论员.梧州全方位培养引进用好人才助力高质量发展［N］.梧州日报，2022-03-16.

⑥ 梧州积极建设数字经济发展新高地强化制造业转型升级提高工业竞争力［N］.广西日报，2022-11-16.

高层次人才涵盖教育、医疗、工程等领域，根据新出台的人才激励和培养政策，全职在梧州工作满5年的顶尖人才、A至E类人才，将每月获得梧州市政府发放的人才津贴①。

（十四）贺州市

近年来，贺州市坚持以人才为引领，以人才为治理，以人才为兴业的发展理念，努力打造一个充满发展源动力的人才"蓄水池"。截至2022年，全市的人才总量达34.9万人，与建市时相比增长了675.6%，展现出人才队伍的快速壮大和发展②。贺州市建有6个国家级、37个自治区级、46个市级，共89个创新平台；高新技术企业48家，入库科技型中小企业63家；引进科技成果进行转化120余项③。

二、各地级市科技创新机构和科研平台情况

（一）南宁市

南宁支持龙头企业创新平台，2023年新增自治区级重点实验室9家，总数达62家；新增广西工程技术研究中心15家，总数达109家；新增广西新型研发机构11家，总数累计达28家，均居全区首位④。南宁支持龙头企业创新平台，新增国家级创新平台4家、自治区级工程研究中心23家，累计建成自治区级创新平台367家，占全区总数的36.85%。2021年来，南宁新建广西智能驾驶研究院等5家，累计引进新型产业技术研究机构17家，带动24项前瞻性技术成果在南宁转化，实现营业收入超1.8亿元⑤。

（二）柳州市

为加快区域的创新步伐，柳州市全力推进公共创新平台的建设工作。

①　2309人被认定为高层次人才-梧州零距离网［N］.西江都市报，2021-01-25.

②　贺州先锋评论员．大有可为大有作为！贺州正成为各类人才干事创业的热土［EB/OL］.2022-09-07.

③　贺州市加快实施创新驱动发展战略综述：创新激发活力科技推动发展［EB/OL］.新浪网，2022-09-21.

④　全面落实强首府战略强创新工作加快创新引领产业高质量发展-南宁市科学技术局［R］.南宁，2022-01-15

⑤　人民网评论员．南宁建成自治区级创新平台367家，占全区36.85%［EB/OL］.人民网，2022-09-29.

其中包括电子科技大学广西智能制造产业技术研究院、广西汽车研究院等重点公共创新平台的建设。截至 2022 年，柳州市已成功创建了 3 家自治区级重点实验室、8 家新型研发机构、1 家广西技术创新中心以及 2 家科技成果转化中试基地。通过推动优秀科研成果引入柳州并进行转化，为柳州市注入了科技创新的活力。不仅如此，柳州市积极推动柳职院、铁职院、城职院等职业院校制订人才培养计划，实施动态管理来提升学科专业设置和人才培养规模的匹配度，以推动新型产教融合促进模式的形成。作为国家产教融合试点城市，柳州市拥有了四所全国首批产教融合专业合作建设试点单位，并荣获了七项国家级教学成果奖项，充分体现了柳州市在促进产教融合、推动职业教育发展方面的积极探索和成就①。

（三）桂林市

截至 2022 年，桂林市高新技术企业保有量从 86 家增长到 385 家，国家级科技创新平台数量从 23 家增长到 64 家，技术交易额从 0.58 亿元增长到 30.78 亿元②。根据自治区发展改革委发布的《2022 年广西壮族自治区工程研究中心认定名单》，全区各市共有 26 个工程研究中心入选，其中桂林市有 6 个，成为广西各市中新认定数量第二多的城市。据统计，桂林市已经拥有了 22 个广西工程研究中心，占据了全区总数（106 个）的超过 1/5 的比例③。

（四）北海市

截至 2022 年，北海市已建立了多个科技研发平台和创新机构，为科技创新和产业发展提供了支持。其中，重点实验室共有 3 家，工程技术研究中心 7 家，企业技术中心 24 家，院士工作站 1 家，博士后科研工作站 1 家，博士后创新实践基地 6 家，新型研发机构 4 家，技术转移示范机构 6 家，示范生产力促进中心 1 家，科技成果转化中试研究基地 1 家。

① 柳州日报评论员．科技创新添活力，赋能发展增动力——我市开展国家创新型城市建设显活力综述［N］．柳州日报，2022-04-28.
② 广西桂林．科技创新引领桂林高质量发展［EB/OL］．腾讯网，2022-10-30.
③ 北部湾在线媒体评论员．桂林推进企业技术创新平台建设，培育发展后驱动能［EB/OL］．2023-03-27.

（五）钦州市

钦州市 2022 年新增 1 家自治区级重点实验室（广西海洋工程装备与技术重点实验室）。累计建成自治区级工程技术研究中心 4 家、重点实验室 4 家，新型研发机构 1 家。截至目前，全市已有 133 家企业获批科技型中小企业，组织发动 80 家企业申报 2022 年度第一、第二批国家高新技术企业[①]。

（六）防城港市

防城港市围绕重点领域和关键环节精准发力，构建区域综合科技创新平台，先后获批国家行业重点实验室 1 家、自治区级院士工作站 2 家、广西重点实验室 1 家、自治区级企业技术中心 12 家、自治区级工程研究中心 1 家、自治区级高新区 1 家、自治区级农业科技园区 2 家、自治区级星创天地 5 家、市级重点实验室 2 家等，推动开展基础研究和产业发展关键共性技术攻关，为产业发展提供技术、信息、人才支撑[②]。

（七）崇左市

崇左高新技术产业开发区 2019 年 5 月获批；2022 年 2 月，建成广西首家农高区——崇左自治区级农业高新技术产业示范区。全市累计建成广西科技企业孵化器、广西野外科学观测研究站等自治区级科技创新平台 43 家，其中，2023 年 1~7 月申报自治区级科技创新平台 8 家、同比增长 166.67%，进一步夯实科技创新平台基础。此外，崇左市推动扶绥县和龙州县获得广西创新型县（市、区）认定，凭祥市获得自治区可持续发展实验区认定，并获得认定广西南亚热带农业科学研究所、广西派阳山林场等 5 家广西农业科技园区，全市创新载体区域布局进一步优化[③]。

（八）百色市

百色市拥有以下创新平台和研究中心的数量：工业类平台共有 23 家，

① 钦州日报评论员．"喜迎二十大·非凡十年壮美钦州"特别报道·科技篇［N］．钦州日报，2022-10-11．

② 防城港加大科技创新主体培育力度［EB/OL］．人民网-广西频道，2022-10-29．

③ 崇左新闻网评论员．化"关键变量"为"最大增量"——崇左建市二十周年科技创新发展综述［EB/OL］．崇左新闻网，2023-08-12．

其中国家级平台有 2 家，自治区级平台有 5 家，市级平台有 16 家；农业类创新平台有 76 家，其中国家级平台有 7 家，自治区级平台有 34 家，市级平台有 35 家；医学类平台有 5 家，其中自治区级平台有 2 家，市级平台有 3 家。此外，百色市还拥有 2 家自治区级重点实验室和 37 家市级工程技术研究中心①。

（九）河池市

截至 2023 年，河池全市有各类科研所 3 个，科研所从业人员 106 人，其中从事科技活动人员 101 人。铅锑银多金属绿色提取关键技术、铅锑锌尾矿渣资源化与稳定化技术研究取得重大突破，分别获得广西科技进步一等奖、二等奖。全年授权专利 1097 件，其中发明专利 44 件；年末拥有发明专利 542 件②。2023 年，河池市自治区级重点实验室建设、瞪羚企业培育等瓶颈工作实现了"零"的突破，全市现保有高新技术企业 43 家，自治区级以上创新平台载体 49 个，带动了一批国家级、自治区级科研项目落地实施、就地转化③。

（十）来宾市

截至 2022 年，来宾市的绿源科技企业孵化基地已经获得国家级科技企业孵化器的认定。同时，广西无机材料绿色制备与应用重点实验室也被认定为 2021 年的自治区重点实验室（第一批）。此外，广西忻城县的南方牛都肉牛产业被认定为广西星创天地，兴宾区电子商务产业园的乐淘空间双创基地也获得了自治区级众创空间的备案认定。此外，广西糖业集团红河制糖有限公司也被认定为自治区级企业技术中心④。来宾市工业园区共有高新技术企业 36 家，占全市的 54.6%；科技型中小企业

① 科技日报评论员．科技创新平台"井喷"广西百色产业高质量发展有了强劲引擎［N］．科技日报，2021-09-30．

② 河池市统计局．2022 年河池市国民经济和社会发展统计公报［EB/OL］．http：//www.hechi.gov.cn/sjfb/tjgb/t16633907.shtml，2023-06-07．

③ 河池市科技局．河池市召开全市科技创新工作会议—河池市科技局［EB/OL］．http：//kjt.gxzf.gov.cn/dtxx_59340/kjgz/sxgz/t16540348.shtml，2023-05-23．

④ 来宾市科学技术局．来宾市科学技术局 2021 年工作总结和 2022 年工作计划［EB/OL］．http：//www.laibin.gov.cn/xxgk/fdzdgknr/fzgh_1/ndjh/t12868620.shtml，2022-01-10．

43 家，占全市的 51.81%；建成国家级科技企业孵化器、众创空间各 1 个，国家级小型微型企业创业创新示范基地 1 个，自治区级研发平台 14 个①。

（十一）贵港市

贵港市政府围绕重点产业，实行重大科技项目攻关"揭榜挂帅"制度。围绕企业发展需求，科学规划布局全市各级科技创新平台建设，努力提升企业科技创新能力，组织国宏智鸿等 5 家企业申报自治区级科技成果转化中试研究基地、云创众创空间等 8 家单位申报自治区级众创空间，组织 20 家单位申报工程技术研究中心、临床医学研究中心、科技孵化载体等市级科技创新平台认定。2023 年新增自治区级科技成果转化中试研究基地 1 家、自治区级众创空间 5 家，新增市级科技创新平台 22 个。打造区域创新高地，根据桂平市区域特点和发展定位，以"科技支撑产业发展"为建设主题，推动桂平市围绕主导产业构建以企业为主体、市场为导向、产学研深度融合的技术创新区域。2023 年桂平市入选全国创新型县（市）建设名单，为广西 3 个入选县（市）之一②。

（十二）玉林市

国家级农业科技园区、国家级重点实验室、国家级孵化器、广西内燃机中试研究基地等一批"国字号""广字号"高水平科研平台：这些平台相继在玉林市建成落地，全市科技创新平台达 448 个，自治区级以上达 106 个③。玉林市积极推动并鼓励企业自主建设或与高校、科研院所合作共建各类科技创新平台。仅在 2021 年，市级工程技术研究中心就新增了 5 家。2022 年，建成首个国家级火炬内燃机特色产业基地、首个自治区级科技成果转化中试研究基地④。2022 年，玉林市首次建成中小

---

① 广西来宾市工业园区．擦亮创新"底色"激活发展动能-新华财经［EB/OL］.2022-12-27.

② 贵港新闻网评论员．我市大力推进科技创新激活发展动能［EB/OL］.贵港新闻网，2023-10-19.

③ 玉林，一个科技创新发展高地！［N］.玉林日报，2023-05-20.

④ 玉林市科技局．玉林首个自治区级科技成果转化中试研究基地获认定［EB/OL］.http：//kjj.yulin.gov.cn/zwyw/t13151563.shtml，2022-10-09.

企业科技创新孵化服务中心，为国家级众创空间和自治区级技术转移示范机构①。

（十三）梧州市

2022年，梧州市大力实施创新驱动发展战略，依托粤港澳大湾区资源，加大科技研发投入，助力科技型中小企业健康发展。截至目前，全市科技型中小企业数量达到77家，同比增长30.5%，超过自治区平均增速8%，数量再创新高②。梧州市还成功推动了梧州制药和蒙娜丽莎陶瓷等企业牵头建设的两个科技成果转化中试研究基地，分别是"广西药物提纯与冻干科技成果转化中试研究基地"和"广西建筑陶瓷产业科技成果转化中试研究基地"，并获得了自治区级认定③。据统计，梧州市累计推动广西梧州制药（集团）股份有限公司等148家企业获认定为广西战略性新兴产业企业，梧州同创新能源材料有限公司等8家企业列入广西战略性新兴产业培育企业。全市高新技术企业保有量共109家④。

（十四）贺州市

截至2022年，贺州市建成6个国家级创新平台、37个自治区级创新平台、46个市级创新平台，累计共创建89个创新平台；48家高新技术企业，63家科技型中小企业；引进科技成果进行转化120余项；拥有1个国家级、2个自治区级农业科技园区。近年来，贺州市积极落实创新驱动发展战略，全面深化科技体制机制改革，取得了许多科技创新成果。

三、各地级市创新园区及平台情况

高新区是广西重点创新功能区，是科技创新的重要载体，对周边地区

① 玉林市科学技术局．玉林实现国家级科技企业孵化器"零"的突破——玉林市中小企业科技创新孵化服务中心获备案为国家级科技企业孵化器［EB/OL］．2023-06-05.
② 梧州市科技型中小企业数量创新高，数量达到77家［EB/OL］．梧州发布，2022-12-05.
③ 西江都市报评论员．梧州市已组建自治区级工程技术研究中心11家［EB/OL］．梧州零距离网，2021-11-15.
④ 以科技创新驱动高质量发展梧州市高新技术企业保有量达109家［N］．梧州日报，2023-11-22.

的发展具有显著的带动效应。目前，广西区域内有 4 家国家级高新区和 12 家自治区级高新技术产业开发区。据统计，2022 年，广西 14 家高新区（不含河池高新区和临桂高新区）实现工业总产值 8843.67 亿元，同比增长 7.79%；实现营业总收入 11936.47 亿元，同比增长 6.40%；实现利润总额 690.27 亿元，同比增长 8.61%，其中，净利润 577.70 亿元，同比增长 5.18%；实交税金总额 397.73 亿元，同比增长 24.77%。2020～2022 年，广西高新区以全区 3‰左右的土地面积创造了全区 13%以上的 GDP，已成为引领和带动广西经济发展和科技创新的重要引擎，对全面推进区域高质量发展具有重要意义。

（一）南宁市

南宁市是国家创新型城市，现有南宁高新技术产业开发区、南宁经济技术开发区、广西—东盟经济技术开发区 3 个国家级开发区，拥有南宁国家农业科技园区、南宁—中关村创新示范基地，具有中国—东盟现代农业科技合作园，是广西面向东盟科技创新合作区的主要承载地。此外，截至 2024 年，南宁市的瞪羚企业达 52 家，占全区总数的 29%①。

（二）柳州市

柳州市以使命驱动和任务导向为指引，建立了高水平的广西新能源汽车实验室和广西工程机械低碳数智技术创新中心，推动了自治区级创新联合体的提质增效和扩容。柳州市拥有 340 多个创新平台，其中包括科技企业孵化器、众创空间等。柳州市已建立了 41 家科技企业孵化器，其中包括 3 家国家级企业孵化器和 7 家自治区级企业孵化器。这些孵化器为创新型企业的孵化和发展提供了有力的支持和服务。此外，柳州市还拥有 93 家众创空间，其中包括 9 家国家备案众创空间和 30 家自治区级众创空间，数量位居全区首位。这些众创空间提供了创新创业的场所和平台，为创业

---

① 南宁市高新技术企业保有量突破 1700 家占全区总数的 42%［N］. 南宁晚报，2024-03-15.

者和创新团队提供了交流、合作和资源支持的机会①。

（三）桂林市

截至 2023 年，桂林市成功建设了自治区级以上的科技创新创业孵化平台共计 21 家，其中包括 9 家国家级孵化平台和 15 家自治区级技术转移示范机构，孵化平台总面积超过 18 万平方米。另外，国家级科技创新平台从 2012 年的 23 家增长到 2021 年的 64 家。广西壮族自治区工业和信息化厅公布的 2022 年广西工业园区名单数据显示，桂林共有 12 个工业园区，包括桂林高新技术产业开发区、桂林经济技术开发区、桂林高铁经济产业园、广西平乐县工业集中区等。

（四）北海市

2023 年，广西确定了全区 18 家机构为自治区备案众创空间，其中北海市海城区的"直播云创产业孵化基地众创空间""北海锐智科技众创空间"两家机构位列其中。北海市拥有 6 家国家级和自治区级的科技企业孵化器、8 家众创空间、2 家星创天地以及 1 家农业科技园区。北海市将继续加大对科技创新创业平台的建设和运营支持，可以为创新创业者提供更好的创业环境和服务②。

（五）钦州市

截至 2022 年，国家科技部公布 2021 年国家级科技企业孵化器名单，钦州市高新技术产业服务中心榜上有名，成为全市第一个国家级科技企业孵化器；2022 年 7 月，根据《科技部关于公布 2021 年度国家备案众创空间的通知》，钦州市高新技术产业服务中心众创空间成功备案国家众创空间。至此，全市国家级双创平台达 4 个。钦州市已成功建立了 10 家科技企业孵化器和 6 家众创空间（其中包括 2 家国家级、3 家自治区级和 1 家市级）③。

① 柳州日报评论员. 拓展服务功能激发创新活力，我市新增一家自治区级备案众创空[N]. 柳州日报，2022-09-20.

② 广西日报评论员. 北海新增 2 家自治区级星创天地［N］. 广西日报，2019-10-24.

③ 钦州日报评论员. "喜迎二十大·非凡十年壮美钦州"特别报道·科技篇［N］. 钦州日报，2022-10-11.

（六）防城港市

截至 2022 年，防城港市拥有自治区级及以上的创新平台达 35 家，相较于 2012 年的仅 3 家，可见突飞猛进的发展。此外，产学研合作平台也从无到有，发展到 5 家。其中，包括自治区级科技企业孵化器 2 家，吸引了 65 家企业入驻；自治区级众创空间也有 3 家，自治区级星创天地则达到 9 家。此外，扶绥县和龙州县在过去的十年中获得了广西创新型县（市、区）的认定，而凭祥市获得了自治区级可持续发展实验区的认定。同时，防城港市还有 5 家广西农业科技园区，其中包括广西南亚热带农业科学研究所、广西派阳山林场等。这些认定和建设推动了全市创新载体区域布局的优化，为科技创新和产业发展提供了良好的支持和平台。

（七）崇左市

崇左市在 2019 年 5 月建成了首家自治区级高新区——崇左高新技术产业开发区；2022 年 2 月又建成了广西首家自治区级农高区——崇左农业高新技术产业示范区①。崇左农高区聚集了广西大学、广西热带农业科学研究院（中国社科院广西研究院）、广西南亚热带农业科学研究所等高新院所，拥有广西大学甘蔗良种研发与繁育基地、亚热带农业生物资源保护与利用国家重点实验室、蔗糖产业协同创新中心、智能农机装备技术研发中心等 8 个国家级创新平台，其中含有广西唯一的国家重点实验室和 2 个科技小院，承担并开展了 50 项与甘蔗相关的科研项目②。并且市内正积极努力打造更多的国家级园区。崇左已布局 2 个自治区级高新区，拥有 1 家国家级专精特新"小巨人"企业和 3 家广西瞪羚企业，保有高新技术企业 68 家③。

（八）百色市

百色市先后建立 5 个国家级、6 个自治区级和 2 个市级研发平台，

① 左江日报评论员. 科技赋能、创新驱动！崇左跑出"加速度"［N］. 左江日报，2022-10-14.

② 广西壮族自治区科技厅. 广西首家自治区级农业高新技术产业示范区获批建设［EB/OL］. 2022-03-15.

③ 央广网评论员. 广西崇左强化科技创新激活高质量发展新动能［EB/OL］. 央广网，2023-08-11.

先后引进了袁隆平院士、朱蓓微院士等260多名高层次人才到园区开展工作①。截至2022年，百色市新增了10个自治区级创新平台和48个市级创新平台，已创建国家级农业创新平台6个，自治区级农业创新平台33个，为助推百色市农业高质量发展奠定了坚实基础。这些平台的建设进一步增强了科技创新对全市经济社会发展的支撑和引领作用。

（九）河池市

河池市高新技术产业开发区于2023年4月17日正式被自治区人民政府批准为自治区级高新区，成为河池市首个自治区级高新区。该高新区园区以河池·宜州工业园区和洛东工业集中区两个核心区域为基础，同时以广西宜州茧丝绸产业孵化器、EGO宜州科技扶贫创业园、广西蚕桑生态学与智能化技术应用重点实验室等创新平台为支撑，形成了"一区二园"的创新布局，园区落户企业66家，其中高新技术企业10家，拥有各类创新平台以及河池学院和河池市农业科学研究所等创新资源；成功培育广西恒中工程检测有限公司、广西溢华环保有限公司两家高新技术企业②。

（十）来宾市

截至2022年，来宾市的国家农业科技园区已经通过科技部的验收，并被正式认定为国家级的农业科技园区。同时，忻城县和象州县的农业科技园区也获得了广西农业科技园区的认定。这一认定为来宾市的农业科技创新提供了重要的支持和契机。国家级农业科技园区的认定，将为来宾市农业科技创新提供更多的政策支持、科技资源和创新平台③。其中，来宾高新区位于来宾市城区西面，是自治区级高新技术产业开发区，基础设施和配套设施完善，按照"产城融合"的模式进行建设。规划面积20.34平方公里，已建成1个国家级企业孵化器，1个国家级众创空间，2个自治区级企业孵化器，1个市级众创空间。

① 广西日报评论员.在"一张白纸"上绘制蓝图——百色市百东新区（百色高新区）"十三五"经济社会发展综述［N］.广西日报，2021-01-21.
② 河池日报评论员.河池市设立自治区级高新区获批［N］.河池日报，2023-04-24.
③ 来宾市科学技术局.来宾市科学技术局2021年工作总结和2022年工作计划［EB/OL］.http：//www.laibin.gov.cn/xxgk/fdzdgknr/gzbg_1/t11127352,shtml，2022-01-10.

（十一）贵港市

贵港市在 2022 年加强了科技创新平台和载体建设方面取得了显著进展，新增了 20 个重要的科技创新平台和载体。其中包括国家级科技企业孵化器、广西港北农业科技园区以及贵港市数字经济产业众创空间等。这些新增的科技创新平台和载体将为贵港市的科技创新提供重要的支持和推动力。

（十二）玉林市

玉林市已经成功创建了 466 个科技创新平台，其中包括国家级平台 15 个和自治区级平台 111 个。这些科技创新平台在促进科技成果转化和产业发展方面发挥着重要的作用。它们针对成果转化过程中的难点和问题，起到了"催化剂"的作用。根据广西壮族自治区工业和信息化厅公布的 2022 年广西工业园区名单数据，玉林共有 10 个工业园区，包括广西玉林经济开发区、广西容县经济开发区、广西北流日用陶瓷工业园区、广西北部湾经济区玉林龙潭产业园等。

（十三）梧州市

截至 2023 年，梧州市华南再制造企业基地孵化器被认定为自治区级科技企业孵化器，湘商汇众创空间被备案为自治区级众创空间。此外，广西普德新星电源科技有限公司等 4 家技术中心也获得了自治区企业技术中心的认定。梧州市已累计拥有 72 家自治区级科技创新平台和 11 家国家级科技创新平台。这些科技创新平台的建设和发展进一步提升了梧州市的产业创新能力①。2022 年 9 月 20 日，粤桂合作特别试验区（梧州）（以下简称试验区）以梧州市开发区管理体制改革为契机，将原试验区江南片区、江北片区和社学片区，原广西梧州高新区以及梧州综合保税区合并，成立新的试验区。该园区是国家区域发展战略珠江—西江经济带的重要组成部分，由粤桂两省份共建，是目前中国唯一横跨东西部省际流域合作试

① 梧州日报评论员. 梧州市大力推动产业技术攻关和高新技术企业培育［N］. 梧州日报，2023-03-02.

验区①。

（十四）贺州市

截至 2022 年，贺州市拥有 6 个国家级、37 个自治区级、46 个市级，共 89 个创新平台；高新技术企业 48 家，入库科技型中小企业 63 家；引进科技成果进行转化 120 余项；拥有 1 个国家级、2 个自治区级农业科技园区②。贺州市攻坚克难、勇于创新、持续奋斗，加快实施创新驱动发展战略。这些创新平台的建立体现了贺州市对科技创新的高度重视和支持力度③。

四、各类创新企业等微观创新主体分布情况

（一）南宁市

南宁市自 2022 年以来引导建设专业化、市场化科技企业孵化器，发展众创空间等创新创业孵化载体，全市累计拥有科技企业孵化器 31 家（国家级 8 家），拥有众创空间 34 家（国家级 5 家）；全市在孵企业 1685 家，创新创业孵化载体逐步成为培植科技型小微企业的沃土④。截至 2024 年 3 月，南宁市的高新技术企业保有量已经突破 1700 家，占全区总数的 42%⑤。

（二）柳州市

2022 年，柳州市拥有 242 家创新型中小企业，并逐步形成了"专精特新"企业培育规模优势，同时优质中小企业梯度培育体系日益完善。柳州市还拥有 798 家国家高新技术企业，并荣获了 16 项国家科学技术奖励。柳州市大力发展科技型企业以塑造新的发展优势，其中柳工欧维姆公

---

① 梧州市人民政府．粤桂合作特别试验区［EB/OL］．2023-02-07.

② 罗添．创新驱动这条路，贺州走对了！［EB/OL］．2022-09-20.

③ 贺州日报评论员．贺州市加快实施创新驱动发展战略综述：创新激发活力科技推动发展［N］．贺州日报，2022-09-21.

④ 南宁新闻网评论员．南宁营商环境持续优化［EB/OL］．南宁新闻网，2022-09-30.

⑤ 南宁市高新技术企业保有量突破 1700 家占全区总数的 42%［N］．南宁晚报，2024-03-15.

司成为唯一入选"创建世界一流专精特新示范企业",柳州宏德激光科技有限公司也是广西唯一入选人力资源社会保障部"最具成长潜力的留学人员创业企业"①。截至 2024 年 3 月,柳州市的科技型中小企业入库达到850 家,占全区总数的 19%②。

（三）桂林市

桂林市共有 7 个国家级企业技术中心和 70 个自治区级企业技术中心,为企业的技术创新提供了有力的支持。此外,桂林市还培育了 7 家国家级创新示范企业和 31 家自治区级创新示范企业。这些企业在技术创新方面树立了行业的标杆,为整个地区的发展做出了积极贡献。在桂林市,超过140 家工业企业拥有自己的技术创新平台,形成了一个金字塔型、相对完善的企业技术创新体系。这些技术创新平台的存在,促进了企业之间的交流与合作,提升了整个市区域的技术水平和竞争力。同时,桂林市积极引进和培育了一批创新型企业,推动了地区经济的发展。全市高新技术企业的保有量为 385 家,广西瞪羚企业从无到有增长到 23 家,国家中小型科技企业的评价入库数量达到 518 家,这些数字都在广西地区中位居前列③。

（四）北海市

截至 2023 年底,北海市入库国家科技型中小企业信息库企业 191 家,认定备案高新技术企业 51 家,同比增长 168.42%,增速全区第一。高企保有量首次突破百家,达 103 家,创历史新高。北海市通过整合政策和资金,积极培育创新型领军企业、高新技术企业和"专精特新"中小企业,打造一批具备创新能力的"领头羊"和中坚力量。在此过程中,北海市新增了 15 家以上的自治区级及以上的"专精特新"中小企业和 30 家以

① 柳州市工业和信息化局.柳州市新增 102 家创新型中小企业［EB/OL］. http：//gxj. li-uzhou. gov. cn/xwzx/tzgg/t19700101_3245308. shtml,2023-03-28.

② 广西累计奖补 14.59 亿元激励企业研发真金白银惠及企业 5893 家,单个企业最高获 800万元［N］.柳州日报,2024-03-25.

③ 北部湾媒体.桂林推进企业技术创新平台建设培育发展后驱动能［EB/OL］.2023-03-27.

上的市级创新型企业；瞪羚企业保有量达 10 家①。

（五）钦州市

截至 2023 年底，钦州市入库国家科技型中小企业信息库企业 221 家，新增高新技术企业 66 家；钦州市新增广西瞪羚企业 2 家②。钦州市实施自治区"千企科技创新工程"，126 家企业通过科技型中小企业评价，65 家企业通过国家高新技术企业备案，10 家企业列入广西瞪羚企业培育库，初步形成科技企业创新梯队。下一阶段，钦州市将发挥百强高企的示范带动作用，推动高新技术企业成为引领钦州高新技术产业发展的中坚力量③。

（六）防城港市

防城港市加强了对科技型企业的培育工作，建立了高新技术企业培育库，并实行动态管理机制。目前，防城港市已经认定了 3 家国家级瞪羚企业、47 家国家高新技术企业以及 85 家入库备案的国家科技型中小企业④。截至 2023 年底，防城港市入库国家科技型中小企业信息库企业 181 家，新增高新技术企业 41 家；新增广西瞪羚企业 2 家。

（七）崇左市

崇左市一批企业在自主创新能力方面取得了显著提升。有 3 家企业被认定为自治区级技术创新示范企业，同时建成了 5 家自治区级智能工厂示范企业和数字化车间。在科技企业数量和质量方面也取得了重要进展。自 2018 年以来，全市已有 160 多家次科技型中小企业评价入库，高新技术企业的数量从 2012 年的 2 家增长到 2021 年的 49 家。此外，广西鼎弘树脂有限公司成功获得 2022 年广西瞪羚企业认定，这标志着崇左市在瞪羚企业方面取得了零的突破。截至 2023 年底，崇左市入库国家科技型中小企业信

① 太强了！北海 6 家企业上榜 [EB/OL]．北海网，2024-01-31.

② 钦州市科技局．钦州 4 家企业上榜 2023 年广西"百强高企"榜单 [EB/OL]．2024-02-05.

③ 国研网评论员．关于广西壮族自治区钦州市 2021 年国民经济和社会发展计划执行情况与 2022 年国民经济和社会发展计划草案的报告 [EB/OL]．国研网，2022-05-12.

④ 人民网评论员．防城港市加大科技创新主体培育力度 [EB/OL]．人民网，2022-10-29.

息库企业 151 家，新增高新技术企业 36 家；新增广西瞪羚企业 2 家。

（八）百色市

截至 2022 年，百色市有 34 家企业获得了高新技术企业的认定，增长率在全区中排名第三，其中有两家企业获得了广西瞪羚企业的认定。此外，广西华银铝业有限公司等 6 家企业入选了"2022 年广西高新技术企业百强"榜单，而广西信发铝电有限公司则入选了"2022 年度广西创新能力十强"榜单。

（九）河池市

截至 2023 年底，河池市有效高新技术企业数量从 2018 年底的 10 家，增长至 52 家，年均增长率为 39.80%，是自治区年均增长率的 2.42 倍；新增广西瞪羚企业 4 家。河池市已建成科技创新平台载体 48 个，其中国家级创新平台 6 个，自治区级创新平台 42 个。全市规模以上工业企业中有研发活动企业达到 68 家，占比突破 10%；高新技术企业保有量 31 家，科技型中小企业评价入库 78 家，高新技术企业工业总产值达 193 亿元[①]。

（十）来宾市

来宾市的科技型企业呈现持续增长的态势。截至 2023 年底，来宾市共有 91 家高新技术企业；新增广西瞪羚企业 4 家[②]。国家级科技型中小企业入库数量达到了 66 家，超过了自治区优化营商创新创业指标中要求的 47 家入库的目标。中沛光电等 7 家企业被列入了广西瞪羚企业培育入库名单。此外，汇元锰业有限责任公司还获评为国家技术创新示范企业。

（十一）贵港市

聚焦产业发展和企业创新需求，深入实施创新驱动发展战略，着力在主体培育、机制建设、生态优化等方面下功夫，加快科技成果转化应用体系建设，推进科技产业一体化发展。贵港市致力于构建"科技型中小企

①　河池市融媒中心．河池"三个聚焦"全力推进高新技术企业培育工作［EB/OL］．2024－02－26.

②　来宾市科学技术局．来宾市 2023 年高新技术认定备案完成率全区排名第一［EB/OL］．2024－03－06.

业—高新技术企业—瞪羚企业"的科技企业培育体系。新增入库科技型中小企业达 139 家，新增国家级高新技术企业 41 家，总数量达 110 家；新增进入广西瞪羚企业培育库的企业为 12 家。

（十二）玉林市

2021 年，玉林市成功建成了 10 家企业技术中心、2 家孵化器和 8 家众创空间。同时，市中小企业科技创新孵化大楼也隆重揭牌，总投资近8000 万元。2022 年，玉林市已成功引进了 36 家孵化企业和 7 家中介机构入驻，未来还将陆续安排 30 多家企业和中介机构入驻。玉林市政府还组织近 200 家企业参加创新创业大赛，获广西赛区优胜企业奖的企业有 9家，获全国优秀企业奖的企业有 2 家，成功带动玉林市科技企业苗壮成长。2022 年，全市入库国家科技型中小企业达 281 家，高新技术企业保有量达 101 家①。

（十三）梧州市

截至 2022 年，梧州市的高新技术企业保有量已突破百家，达 109 家。同时，共有 49 个各类科技项目获得立项，并新增 63 家科技型中小企业入库。此外，梧州市还有 43 家企业成功完成首席技术官备案。在 2022 年的科技创新工作中，梧州市更进一步取得了成绩。新增的 3 家企业被评为广西瞪羚企业，共有 53 个各类科技项目获得立项，并获得科技经费累计达4670 万元②。到 2023 年时，全市高新技术企业保有量共 109 家③。

（十四）贺州市

目前，贺州市拥有 48 家高新技术企业和 63 家科技型中小企业，展现了市场对贺州市科技创新的认可和支持。此外，贺州市还引进了 120 余项科技成果进行转化，进一步促进了科技成果的实际应用④。截至 2023 年，

---

① 玉林日报评论员. 启用! 打造科技人才新高地! ［N］. 玉林日报，2023-05-23.

② 梧州日报评论员. 以科技创新驱动高质量发展，梧州市高新技术企业保有量达 109 家 ［N］. 梧州日报，2023-11-22.

③ 梧州日报 以科技创新驱动高质量发展梧州市高新技术企业保有量达 109 家 ［N］. 2023-11-22.

④ 王钰. 贺州：新兴产业擎起高质量发展的脊梁 ［EB/OL］. 贺州传媒网，2022-11-17.

贺州市有 6 个国家级创新平台、37 个自治区级创新平台、46 个市级创新平台，累计共 89 个创新平台；48 家高新技术企业，63 家科技型中小企业；引进科技成果进行转化 120 余项；拥有 1 个国家级、2 个自治区级农业科技园区①。

第二节　广西全域创新空间布局

一、创新轴线

（一）湘桂线创新轴线

湘桂铁路是京广铁路自湖南衡阳向西南引出至广西的铁路线，在广西境内经桂林、柳州、来宾、南宁至崇左的凭祥（友谊关），是广西最早的铁路干线，也是广西历史上形成的经济社会发展中轴线和城市带。与湘桂铁路基本相一致的走向，有 G322 国道（我国道路网的横线之一，自浙江温州瑞安至广西崇左市凭祥友谊关，是经西南腹地连接东南亚各国的一条国道。途经湖南衡阳、永州，在广西经桂林、柳州、来宾、南宁、崇左等地级市，在友谊关口岸与越南国道 1 号线等连接），以及 G72 高速（泉州—南宁高速公路，以下简称泉南高速，是我国高速公路网 18 条东西横线中的一条，自福建省泉州市至广西南宁市，经湖南衡阳、永州，在广西经桂林、柳州、来宾、南宁等地级市），再加上南衡高铁（南宁—衡阳高速铁路，又名南衡客运专线，自广西南宁市至湖南衡阳市，是我国《中长期铁路网规划》中"八纵八横"呼南高速铁路主通道之一）。上述湘桂铁路、G322 国道、G72 高速、南衡高铁在广西境内形成复合的"湘桂

线",历经桂林、柳州、来宾、南宁等主要城市,集中了广西省会城市、最重要的工业城市和旅游城市,涵盖了广西主要国家高新区、主要高校、主要重点实验室创新产业集群、重点科创企业等核心科技创新和高等教育资源,构筑了广西全域创新空间布局中的湘桂线创新轴线。

（二）西部陆海新通道创新轴线

西部陆海新通道位于我国西部腹地,北接丝绸之路经济带,南连21世纪海上丝绸之路,协同衔接长江经济带,自成渝双城经济圈至北部湾出海口（广西北部湾港、海南洋浦港）,有三条主通道,中线自重庆经贵阳、南宁至北部湾,东线自重庆经怀化、柳州至北部湾,西线自成都经泸州（宜宾）、百色至北部湾。西部陆海新通道与中欧班列和长江黄金水道联通,在区域协调发展格局中具有重要战略地位,已初步实现"丝绸之路经济带"和"21世纪海上丝绸之路"的有机衔接。

西部陆海新通道在广西境内,主要涉及出海口的广西北部湾港口各市（北海、钦州、防城港）,西线主通道的百色,中线主通道的南宁（同时兼具枢纽功能）,东线主通道的柳州,以及边境口岸的防城港（东兴）、崇左（凭祥）,此外玉林、桂林也承担一定的物流功能。西部陆海新通道创新轴线,基本形成了以南宁市为核心、北部湾经济区城市（北海、钦州、防城港、玉林、崇左）为支撑,分东、中、西三条线路,连通桂林、柳州、河池、百色的主要轴线。

（三）珠江—西江经济带创新轴线

珠江—西江经济带主要包括广东省的广州、佛山、肇庆、云浮4市和广西的南宁、柳州、梧州、贵港、百色、来宾、崇左7市。珠江—西江经济带连接我国东部发达地区与西部欠发达地区,横贯广东、广西,上联云南、贵州,下通香港、澳门。在广西境内,以南宁市为核心,梧州、贵港、南宁处在珠江—西江主干轴带,柳州—来宾、南宁—崇左—百色分别形成两个主要组团。

广西珠江—西江经济带创新轴线依托珠江—西江经济带,以南宁市为核心,沿西江干流,向下游的广东珠三角的方向延伸至贵港市、梧州市以及同一方向的玉林市。

二、广西开放式区域创新

（一）东融粤港澳大湾区

广西开放式区域创新充分利用地理优势，从东部积极融入粤港澳大湾区建设，形成便利的交通联通网络；与广东深化合作，在科技创新、产业转型升级等方面开展交流合作，实现互利共赢；与港澳地区开展科技产业合作，吸引港澳科技人才和资金参与科技创新；与东盟国家开展区域合作，在医疗卫生、新能源等领域开展联合研发；积极探索与东盟国家开展数字贸易合作，促进跨境电子商务发展，与东盟国家共同打造粤港澳大湾区国际科教创新合作平台，促进人才交流；与东盟国家联手应对气候变化和公共卫生等全球性问题，开展科技合作；利用开放政策吸引更多国际资本参与广西科技创新，促进区域经济发展。广西采取开放式创新思维，东融粤港澳大湾区，推动区域一体化发展，促进区域创新。

（二）北联西合长江经济带

广西开放式区域创新充分利用区位优势，北联西合长江经济带，充分发挥长江经济带在广西区域创新中的重要作用。率先与贵州、湖南等省份开展区域合作，在交通、能源等基础设施建设上进行衔接；与贵州等省份开展新能源汽车产业合作，形成产业链协同效应；与湖南等地开展医疗卫生领域合作，联合研发新药新技术；与重庆等地开展数字经济合作，推动电子商务和大数据应用。同时，广西开放式区域创新充分利用开放政策吸引长江经济带国内外资本参与广西科技项目建设；与长江经济带地区开展人才交流合作，搭建科技人才培养体系；与长江经济带开展科技成果转化合作，促进科技成果产业化应用；与长江经济带建立科技创新合作机制，实现资源共享互利。

（三）南向东盟开放创新

广西开放式区域创新充分利用国际优势，南向东盟开放创新，将东盟国家的优势最大化，协同推进广西区域创新发展。根据《广西科技创新

"十四五"规划》，计划到 2035 年，广西要实现"基本建成创新型广西，初步建成面向东盟科技创新合作区"的远景目标。深化面向东盟为重点的跨境科技创新合作，把广西打造成面向东盟的科技创新合作高地。深度参与"一带一路"科技创新行动计划，加强面向东盟的技术转移与创新合作。以中国—东盟信息港建设为载体，加快建设面向东盟的新一代信息技术创新与应用示范高地，推动中国—东盟数字经济产业园、中国—东盟（广西）人工智能计算中心等建设。打造面向东盟的区域性人才集聚高地，推进在海内外建设一批"人才飞地"、研发机构，就地吸纳科技创新人才。深化中国—东盟科技人文交流，有效提升广西面向东盟的国际创新要素配置能力。

三、广西全域及各地级市创新数据基本情况

（一）财政科技支出情况

2013~2022 年，广西财政科技支出有所起伏，南宁市、柳州市、桂林市占比较大，其中南宁市明显高于其他城市（如表 3-2 和图 3-1 所示）。

表 3-2 2013~2022 年广西科技支出情况　　　　单位：亿元

年份	2013	2014	2015	2016	2017	2018	2019	2020	2021	2022
广西全区	31.87	16.77	27.91	27.27	28.18	60.30	32.05	32.14	36.15	44.06
南宁市	5.52	4.55	5.82	5.16	6.47	33.32	10.67	13.20	16.33	20.20
柳州市	3.80	2.17	3.15	4.15	4.13	7.85	5.69	4.29	3.23	2.44
桂林市	4.27	1.92	3.61	3.63	2.52	3.88	2.71	2.78	2.85	2.93
梧州市	2.31	1.41	1.70	1.20	1.15	2.66	1.50	1.83	2.23	2.72
北海市	2.44	2.31	0.43	2.39	3.40	2.10	2.32	0.50	0.11	0.02
防城港市	0.65	0.10	0.21	0.31	0.31	0.26	0.31	0.28	0.25	0.23
钦州市	1.34	0.61	2.42	2.00	0.99	1.30	1.28	0.95	0.71	0.52
贵港市	1.01	0.48	0.96	0.42	0.32	0.55	1.08	2.19	4.44	9.01
玉林市	2.18	0.37	2.25	2.23	2.05	1.84	2.02	2.19	2.37	2.57
百色市	2.58	1.19	2.27	2.46	3.25	2.86	2.22	2.28	2.34	2.40

续表

年份	2013	2014	2015	2016	2017	2018	2019	2020	2021	2022
贺州市	1.18	0.41	1.20	0.59	1.11	1.20	0.46	0.25	0.14	0.07
河池市	1.72	0.44	1.52	1.26	1.22	1.13	0.82	0.66	0.53	0.43
来宾市	1.57	0.55	0.70	0.45	0.25	0.38	0.18	0.19	0.20	0.21
崇左市	1.31	0.27	1.68	1.01	1.00	0.96	0.79	0.57	0.41	0.30

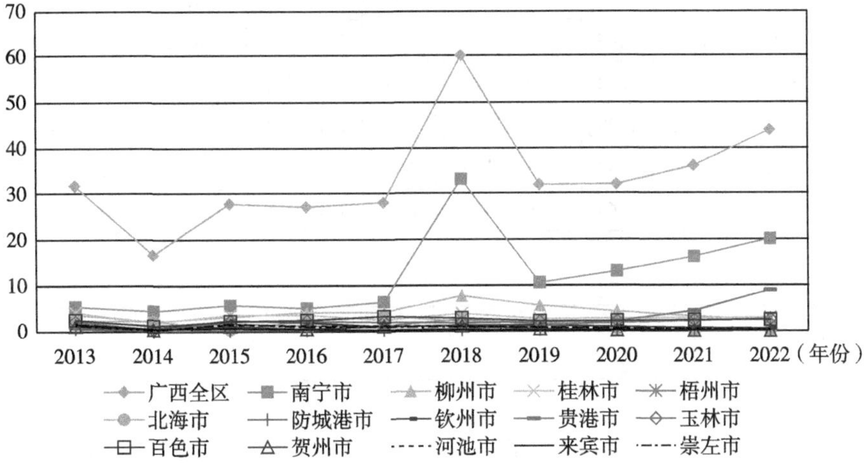

图 3-1　2013~2022 年广西科技支出趋势

（二）R&D 经费内部支出情况

2013~2022 年，广西 R&D 经费内部支出总体上呈增长态势，南宁市、柳州市、桂林市占比较大（如表 3-3 和图 3-2 所示）。

表 3-3　2013~2022 年广西 R&D 经费内部支出情况　单位：亿元

年份	2013	2014	2015	2016	2017	2018	2019	2020	2021	2022
广西全区	107.68	111.87	105.91	117.75	142.18	127.41	140.44	156.23	199.45	217.94
南宁市	27.78	25.82	32.17	38.10	47.72	47.72	46.84	52.55	57.31	65.08
柳州市	32.32	35.56	36.04	40.32	46.68	38.57	38.16	56.33	56.49	57.08
桂林市	16.42	18.10	15.92	16.55	16.58	16.58	15.65	12.33	15.98	19.67

续表

年份	2013	2014	2015	2016	2017	2018	2019	2020	2021	2022
梧州市	3.32	2.36	1.27	1.61	2.02	2.02	2.84	5.40	4.76	6.76
北海市	2.78	3.00	2.28	3.34	4.07	4.07	6.32	0.19	2.49	7.82
防城港市	5.31	8.44	5.57	6.71	7.70	7.68	7.40	7.22	19.20	15.62
钦州市	6.78	2.73	1.07	1.26	2.28	2.28	5.78	4.39	3.93	7.14
贵港市	1.28	1.26	0.76	1.10	1.13	1.13	0.68	3.12	4.76	4.78
玉林市	3.42	5.91	5.68	1.50	6.18	0.16	7.87	1.92	14.60	9.52
百色市	1.06	2.88	1.46	2.14	2.31	2.31	2.85	4.13	5.44	7.68
贺州市	0.65	0.52	0.63	1.49	1.06	0.49	0.87	1.21	1.53	2.75
河池市	1.28	1.29	1.18	1.56	2.19	2.19	3.38	2.79	4.45	4.13
来宾市	2.94	2.40	0.13	0.61	0.63	0.58	0.44	0.63	2.44	3.45
崇左市	2.34	1.60	1.76	1.46	1.61	1.61	1.36	4.02	6.07	6.46

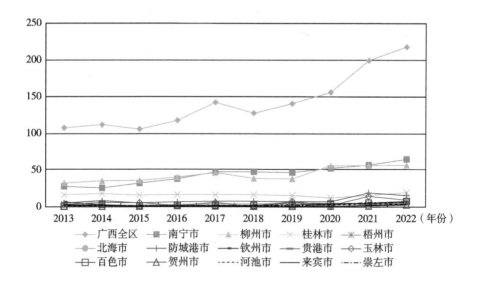

图 3-2 2013~2022 年广西 R&D 经费内部支出趋势

（三）R&D 人员全时当量情况

2013~2022 年，广西研究与试验发展（R&D）人员全时当量总体平衡，南宁市、柳州市、桂林市占比较大（如表 3-4 和图 3-3 所示）。

表 3-4 2013~2022 年广西 R&D 人员全时当量情况 单位：人年

年份	2013	2014	2015	2016	2017	2018	2019	2020	2021	2022
广西全区	40660	41137	38535	39900	36857	39571	33386	43902	55824	70401
南宁市	14462	9958	11944	13344	12274	13437	10420	17025	20560	27613
柳州市	11165	12579	11241	11907	10226	10621	10582	9350	10100	11094
桂林市	6305	7306	7277	6717	5584	6064	3115	6108	7345	8867
梧州市	1794	2037	1575	1744	1726	1952	1601	1641	2159	3238
北海市	1111	1457	1016	1141	1320	1031	1439	1188	953	2046
防城港市	597	1452	652	277	392	675	486	502	1804	1674
钦州市	723	1475	670	732	830	692	835	1138	1441	2146
贵港市	527	561	344	409	368	330	631	947	1620	1994
玉林市	1282	2037	1505	686	1373	1959	1816	1616	2768	2636
百色市	549	293	687	830	957	1079	694	2066	2158	2250
贺州市	506	488	503	644	534	466	506	471	602	1208
河池市	354	256	230	457	506	417	339	623	1080	2001
来宾市	372	542	199	314	249	214	233	358	1050	1445
崇左市	915	696	692	698	517	634	690	869	2184	2189

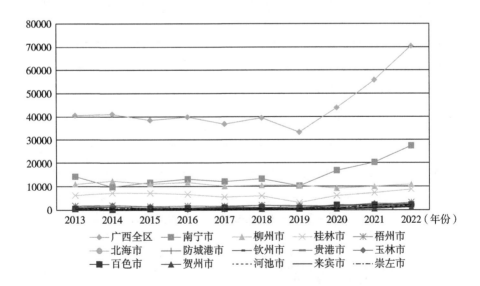

图 3-3 2013~2022 年广西 R&D 人员情况全时当量发展趋势

（四）高等教育毕业生人数情况

2013~2022 年，广西高等教育毕业生人数总体上有所增长，南宁市、桂林市占比较大（如表3-5 和图3-4 所示）。

表3-5　2013~2022 年广西高等教育毕业生人数　单位：万人

年份	2013	2014	2015	2016	2017	2018	2019	2020	2021	2022
广西全区	18.67	20.89	25.97	22.72	21.70	24.58	26.38	30.30	30.58	30.86
南宁市	8.70	9.07	9.63	9.90	10.86	10.62	11.81	12.87	13.42	13.99
柳州市	1.80	2.48	1.87	2.02	0.71	2.97	3.39	2.65	1.86	1.31
桂林市	4.05	4.82	5.93	5.89	4.67	5.60	5.38	7.49	7.54	7.59
梧州市	0.35	0.38	0.41	0.66	0.69	0.73	0.52	0.63	0.72	0.82
北海市	0.82	0.74	0.64	0.53	0.53	0.32	0.00	0.00	0.00	0.00
防城港市	0.00	0.00	0.00	0.00	0.00	0.00	0.00	0.00	0.00	0.00
钦州市	0.43	0.70	0.70	0.50	0.41	0.39	0.55	0.63	0.84	1.12
贵港市	0.03	0.00	0.00	0.00	0.00	0.00	0.00	0.00	0.00	0.00
玉林市	0.38	0.41	4.22	0.45	0.47	0.44	0.44	0.52	0.47	0.42
百色市	0.53	0.64	0.78	0.70	1.11	0.59	1.39	1.65	1.69	1.73
贺州市	0.26	0.25	0.23	0.23	0.25	0.35	0.39	0.44	0.45	0.46
河池市	0.28	0.33	0.39	0.42	0.52	0.53	0.64	0.99	0.73	0.54
来宾市	0.20	0.19	0.20	0.20	0.24	0.78	0.40	0.47	0.57	0.69
崇左市	0.85	0.88	0.96	1.22	1.24	1.26	1.47	1.96	2.29	2.68

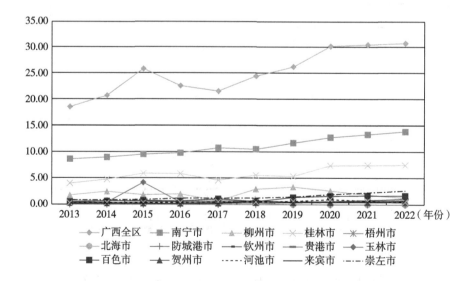

图3-4　2013~2022 年广西高等教育毕业生人数发展趋势

（五）普通高等学校数情况

2013～2022 年，广西普通高等学校数总体上略有增长，南宁市占比较大，约占 40%（如表 3-6 和图 3-5 所示）。

表 3-6　2013～2022 年广西普通高等学校数　　　　单位：所

年份	2013	2014	2015	2016	2017	2018	2019	2020	2021	2022
广西全区	70	75	75	77	78	78	81	84	86	88
南宁市	31	32	32	32	33	34	34	35	35	35
柳州市	6	6	6	6	6	6	6	6	6	6
桂林市	9	9	10	10	13	11	12	12	12	12
梧州市	3	3	3	3	2	2	2	3	3	3
北海市	3	5	5	5	4	4	4	4	5	6
防城港市	1	1	1	1	1	1	1	1	1	1
钦州市	2	2	2	3	2	2	2	3	3	3
贵港市	1	0	0	0	0	0	0	0	0	0
玉林市	1	1	1	1	1	1	1	2	2	2
百色市	4	6	4	4	5	5	6	5	5	5
贺州市	1	1	1	1	1	1	1	1	1	1
河池市	2	2	2	2	2	2	2	2	2	2
来宾市	1	2	2	3	2	2	2	2	2	2
崇左市	5	5	6	6	6	7	8	8	9	10

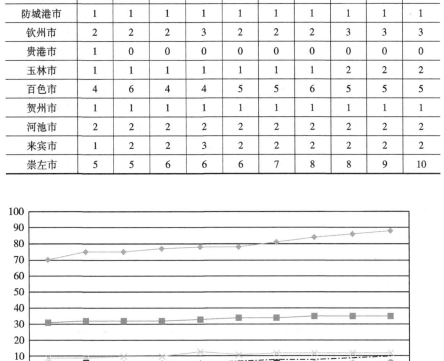

图 3-5　2013～2022 年广西普通高等学校发展趋势

（六）专利授权数情况

2013~2022 年，广西专利授权数总体上明显增长，南宁市、柳州市、桂林市占比较大（如表 3-7 和图 3-6 所示）。

表 3-7　2013~2022 年广西专利授权数情况　　　　单位：件

年份	2013	2014	2015	2016	2017	2018	2019	2020	2021	2022
广西全区	7884	9663	13571	14849	15263	20545	22682	34463	46800	63553
南宁市	2065	2651	3937	4127	4496	6156	7032	11825	15943	21495
柳州市	1405	1879	2559	2802	2713	3687	4290	5899	7213	8820
桂林市	1291	1643	2128	2193	2421	3008	2819	4107	5729	7992
梧州市	510	484	529	641	595	977	1042	1288	1914	2844
北海市	275	213	314	359	415	544	540	750	887	1049
防城港市	154	190	178	123	127	154	236	345	406	478
钦州市	257	251	428	383	532	909	614	972	1647	2791
贵港市	294	343	558	604	659	926	1350	2187	2671	3262
玉林市	943	1160	1433	1381	1351	1749	2156	2675	3773	5322
百色市	179	178	330	832	471	645	635	1204	2293	4367
贺州市	163	205	371	337	391	531	568	939	1194	1518
河池市	152	232	352	550	393	560	542	804	1123	1569
来宾市	126	128	286	252	304	373	477	694	1004	1452
崇左市	70	106	168	265	395	326	381	774	1003	1300

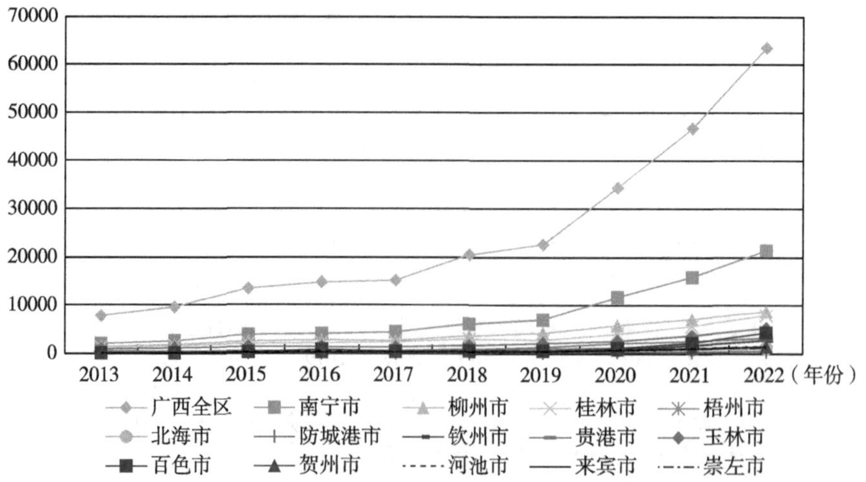

图 3-6　2013~2022 年广西专利授权数发展趋势

第四章 广西城市创新综合评价和区域创新高地的识别

第一节 广西区域创新综合评价指标体系的构建

一、广西区域创新综合评价体系构建方法与原则

（一）区域创新综合评价指标体系构建研究综述

区域创新综合评价指标体系构建是对一个地区创新发展能力和水平进行评价的重要工作，它的构建通常包括多个层次和维度，常见的框架包括输入、过程和输出三个层次，以及创新资源、创新能力、创新环境、创新绩效等维度，不同的研究者和机构会根据具体情况和目的，可能会有不同的指标体系框架。区域创新综合评价指标的选择是构建指标体系的关键步骤，常见方法包括文献综述、专家咨询、统计数据分析等，指标选择需要具有科学性、可操作性和可比较性。区域创新综合评价指标的权重确定是指标体系构建的另一个重要环节，通常采用主成分分析法、层次分析法、模糊综合评价法等，通过专家评估、统计数据分析等方式确定指标的权重，从而反映指标的重要程度。区域创新综合评价指标体系构建中获取指

标所需要的数据是构建基础，常见的数据来源包括统计数据、调查问卷、企业报告等，指标体系构建需要重点考虑的是数据的可靠性和实效性。区域创新综合评价指标体系构建完成后，进行实证研究和应用，主要是进行数据分析和比较，评估区域创新发展水平和差距，为政策制定和决策提供参考和支持。总的来说，区域创新综合评价指标体系构建是一个复杂的研究工作，需要综合考虑多个因素和指标。

（二）广西区域创新综合评价指标体系构建方法

第一，参考李燕萍等（2016）对区域创新能力进行评价的研究成果，构建基于创新投入、创新产出、创新环境、创新绩效等要素的广西区域创新评价指标体系。第二，对数据进行定量分析，采用熵值法对广西 14 个地级市的城市创新能力进行评价，得出最终的综合指数。第三，首先对整个广西的 4 个一级指标综合指数在考察期的变化做出动态评价；其次分别对广西 14 个地级市的 4 个一级指标 2013～2021 年的综合指数进行评价，更好地呈现考察期内的动态变化；最后对 14 个地级市创新能力综合指数进行横向比较分析。

（三）广西区域创新综合评价指标体系构建原则

1. 构建原则

广西区域创新综合评价指标体系的构建应遵循以下原则：①全面性原则：指标体系应全面反映广西区域创新的各个方面和层次。包括创新资源、创新能力、创新环境、创新绩效等多个维度，确保评价体系具备全面性。②可比性原则：指标体系应具备可比性，即能够对不同地区的创新发展进行比较和评价。指标的选择应考虑到可比性，避免过于依赖地区特有的因素。③可操作性原则：指标体系应具备可操作性，即能够根据实际情况进行数据收集和分析。指标的选择应考虑到数据的可获取性和可操作性，避免过于依赖难以获取的数据。④权重公正原则：指标体系中各个指标的权重应公正合理，能够准确反映各个指标的重要程度。权重的确定可以采用专家评估、统计数据分析等方法，确保权重的科学性和公正性。⑤时效性原则：指标体系应具备一定的时效性，能够及时反映广西区域创新发展的最新情况。指标数据的获取和更新应保持一定的频率，以保证评价体系的时效性。⑥可持续性原则：指标体系应考虑广西区域创新发展的可持续性。即不仅要评价当前的创新水平和能力，还要考虑到未来的发展潜力和可持续发展的基础。总的来说，广西区域创新综合评价指标体系的构建应遵循全面性、可比性、可操作性、权重公正性、时效性和可持续性等原则，以确保评价体系的科学性和实用性。

2. 资料来源与研究设计

基于广西区域创新评价指标体系，本章对广西 14 个地级市的区域创新水平和能力进行综合评价，识别具备成为广西引领性区域创新高地潜力的城市。评价年份为 2013～2021 年，资料来源于《中国区域经济统计年鉴》《中国城市统计年鉴》《中国科技统计年鉴》《中国城市年鉴》和各城市统计年鉴及统计公报。

二、广西区域创新综合评价体系及测算方法

（一）广西区域创新综合评价指标体系

城市创新能力受到多种因素的影响，其表现也是多方面的。遵循科学性、可操作性和层次性原则，我们从创新投入、创新产出、创新环境和创新绩效等方面来构建广西区域创新评价指标体系，共 4 个一级指标、17 个二级指标（见表 4-1）。其中，正指标包括对创新投入、科技产出等积极因素的衡量，负指标包括环境污染、资源浪费等不利因素的衡量。

表 4-1　广西区域创新评价指标体系

一级指标	二级指标	单位	指标类型
创新投入	高等教育毕业生人数	万人	正
	科学技术拨款	万元	正
	（R&D）人员情况全时当量	人年	正
	R&D 经费支出占 GDP 比重	%	正
	科技支出占财政支出比重	%	正
	年末金融机构贷款总额	万元	负

一级指标	二级指标	单位	指标类型
创新产出	专利授权数	件	正
	高技术产业专利申请数	件	正
	规模以上工业企业资产	亿元	正
创新环境	有 R&D 活动的单位数	个	正
	移动电话年末用户数	万户	正
	普通高等学校数	所	正
	R&D 项目数	个	正
	高新技术区	分	正
创新绩效	第三产业增加值占 GDP 比重	%	正
	GDP 增长率	%	正
	城镇居民可支配收入	元	正

（二）广西区域创新综合评价指标体系测算方法

本章采用熵值法赋权：

1. 各评价指标的归一化处理

为了消除不同量纲的影响，在计算权重之前需要对评价体系的各项指标进行归一化处理，用归一化后的相对数值替代原先的绝对数值，使不同计量单位和数量级的指标间具有可比性。计算公式如下：

$$Y_{ij} = \frac{x_{ij} - \min(x_{1j}, \cdots, x_{nj})}{\max(x_{1j}, \cdots, x_{nj}) - \min(x_{1j}, \cdots, x_{nj})}，\text{正向指标} \quad (4-1)$$

$$Y_{ij} = \frac{\max(x_{1j}, \cdots, x_{nj}) - x_{ij}}{\max(x_{1j}, \cdots, x_{nj}) - \min(x_{1j}, \cdots, x_{nj})}，\text{负向指标} \quad (4-2)$$

假设评价对象有 n 个样本，其中每个样本存在 m 个指标，则 x_{ij} 代表第 i 个样本的第 j 个指标的原始值；Y_{ij} 表示处理后的标准值。

2. 各评价指标熵值的确定

在各指标归一化的基础上，计算第 j 个指标下第 i 个样本值的比重：

$$P_{ij} = \frac{Y_{ij}}{\sum\limits_{i=1}^{n} Y_{ij}}, \quad i = 1, \cdots, n; \ j = 1, \cdots, m \qquad (4\text{-}3)$$

进一步计算得出第 j 个指标的熵值：

$$e_j = -k \left(\sum\limits_{i=1}^{n} p_{ij} \times \ln p_{ij} \right), \quad i = 1, \cdots, n; \ j = 1, \cdots, m; \ e_j \geqslant 0, \ k =$$

$$\frac{1}{\ln n} > 0 \qquad (4\text{-}4)$$

3. 各评价指标权重的确定

第 j 个评价指标的权重 W_j 为：

$$W_j = \frac{\gamma_j}{\sum\limits_{j=1}^{m} \gamma_j}, \quad j = 1, \cdots, m \qquad (4\text{-}5)$$

其中，$\gamma_{ij} = 1 - e_j$，$j = 1, \cdots, m$，为根据熵值计算的信息熵冗余度。

最后对各个指标的权重进行加权，得到综合指数，用 Z_i 表示第 i 个评价对象的综合指数，则：

$$Z_i = \sum\limits_{j=1}^{m} W_j \times Y_{ij}, \quad i = 1, \cdots, n; \ j = 1, \cdots, m \qquad (4\text{-}6)$$

第二节 广西区域创新水平的综合评价与潜力城市识别

一、广西十四个地级市城市创新水平的比较分析

（一）十四个地级市一级指标各项指数总体情况

从广西 14 个地级市一级指标来看，除了南宁市、柳州市和桂林市处于相对较高的水平以外，其他 11 个地级市均处于低水平，且南柳桂三市相对于其他城市具有绝对优势；其他城市的综合指数差距较小，且存在各自的优势指标（见表 4-2）。

表 4-2　2013 年和 2022 年广西各市创新水平一级指标

城市	创新投入		创新产出		创新环境		创新绩效	
	2013 年	2022 年	2013 年	2022 年	2013 年	2022 年	2013 年	2022 年
南宁市	29.99	33.65	16.70	20.74	40.91	38.00	5.10	4.42
柳州市	21.06	20.10	13.98	11.64	19.06	18.77	2.98	3.38
桂林市	17.71	11.84	10.00	6.30	24.50	12.82	3.73	3.61
梧州市	6.00	8.35	3.86	2.57	7.80	4.69	2.31	1.21
北海市	8.60	1.75	1.84	1.72	7.93	1.90	2.56	2.26
防城港市	4.49	3.36	1.23	4.39	0.48	1.33	3.70	1.56
钦州市	5.18	3.53	2.31	3.20	7.07	2.44	2.94	3.75
贵港市	1.39	20.32	2.15	2.81	1.26	3.41	2.51	1.26
玉林市	4.70	5.73	6.86	3.93	4.47	3.55	3.61	3.85
百色市	4.09	5.60	2.34	5.56	3.24	3.78	1.61	1.03
贺州市	2.63	2.49	0.67	0.67	1.09	1.73	2.11	2.16
河池市	2.64	2.25	1.44	0.65	2.05	1.46	1.70	1.39
来宾市	3.93	2.32	0.83	0.76	0.79	1.54	1.79	2.48
崇左市	4.16	6.02	0.24	0.67	3.03	4.84	2.24	1.61

从时间维度来看，各城市的一级指标指数变动情况存在差异，各项指数升降情况存在不一致性。例如，南宁市在创新投入方面有显著增长，但在创新产出和创新绩效方面有所下降；贵港市在创新投入和创新产出方面表现出较大的增长。

（二）十四个地级市创新投入指数情况

在创新投入方面，南宁市从 2013 年的 29.99 增加到 2022 年的 33.65，贵港市从 1.39 增加到 20.32，均显示出较大的增长，其他城市的创新投入指标变化较小。创新投入指数上升的包括南宁市、梧州市、贵港市、玉林市、百色市和崇左市 6 个城市，其他 8 个城市都出现了下降（见图 4-1）。

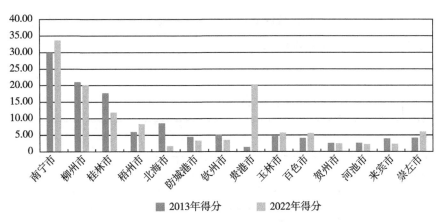

图 4-1　2013 年与 2022 年广西各市创新投入指数

（三）十四个地级市创新产出指数情况

在创新产出指数方面，指数上升的包括南宁市、防城港市、贵港市、百色市、崇左市 5 个地级市，钦州市和贺州市也略有上升，其他城市创新产出指数均有所下降（见图 4-2）。

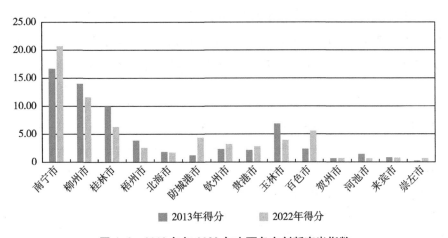

图 4-2　2013 年与 2022 年广西各市创新产出指数

（四）十四个地级市创新环境指数情况

在创新环境指数方面，仅有防城港市、贵港市、百色市、贺州市、崇左市 5 个地级市有上升，其他城市创新环境指数均有所下降，尤其是南宁市、桂林市等市下降幅度均比较大（见图 4-3）。

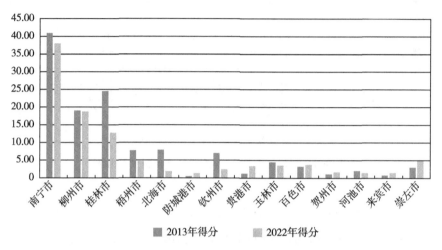

图 4-3　2013 年与 2022 年广西各市创新环境指数

（五）十四个地级市创新绩效指数情况

在创新绩效指数方面，在创新环境指数方面，仅有钦州市、贺州市、河池市、来宾市等地级市有所上升，其他城市创新绩效指数均有所下降，尤其是南宁市、桂林市等市下降幅度均比较明显（见图 4-4）。

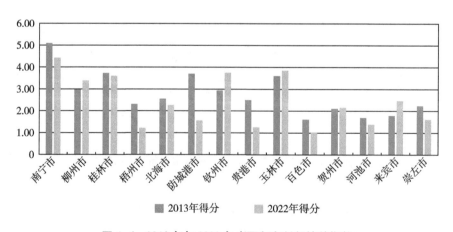

图 4-4　2013 年与 2022 年广西各市创新绩效指数

二、广西区域创新水平的测算与趋势分析

（一）广西各城市创新水平及发展趋势

如前所述，通过熵值法测算得到 2013～2022 年广西各城市创新水平指数。广西 14 个地级市创新水平存在明显的差异，南宁创新水平较高，且增长速度明显较快，处于第一梯队；柳州和桂林创新水平良好，增长有起伏，总体上有所增长（尤其是柳州），属于第二梯队；贵港、北海、钦州、百色、崇左、贺州、防城港、玉林、梧州、来宾和河池创新水平总体较差，增长也不明显，处于第三梯队。南宁、柳州和桂林是具备成为广西引领性区域创新高地潜力的城市（见图 4-5）。

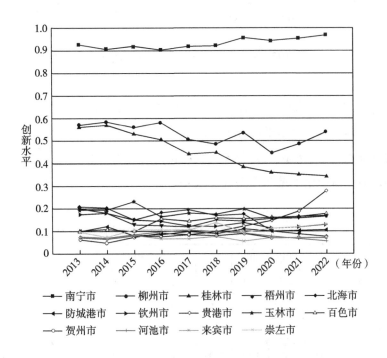

图 4-5　2013～2022 年广西各市创新水平及发展趋势

（二）广西区域创新总体水平及发展趋势

为简化起见，本书根据 2013～2022 年 14 个地级市城市创新水平指数

的简单平均值作为广西区域创新的总体水平指数。可以看出，2013～2022年整个广西的创新水平总体呈现上升态势，2019年出现明显下降（见图4-6）。

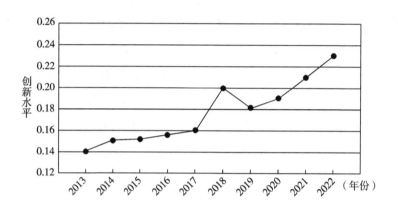

图4-6　2013～2022年广西区域创新总体水平及发展趋势

（三）广西区域创新水平一级指标各项指数变动情况

对广西区域创新水平的各项一级指标测算，2013～2022年，广西区域的创新投入、创新产出、创新环境和创新绩效这四个指标都呈现出一定的波动，但整体变化不是非常大（见表4-3）。

表4-3　2013～2022年广西区域创新一级指标各项指数

年份	2013	2014	2015	2016	2017	2018	2019	2020	2021	2022
创新投入	11.66	11.43	11.47	12.85	12.03	12.02	12.81	11.46	11.83	12.73
创新产出	6.45	6.96	6.35	5.84	6.00	6.29	6.83	6.27	6.37	6.56
创新环境	12.37	12.45	11.24	10.39	9.90	9.76	8.95	8.72	9.27	10.03
创新绩效	3.89	3.07	3.91	3.99	4.07	4.24	4.07	3.92	3.55	3.40

首先，创新投入指标在2013～2016年呈逐年增加的趋势，从11.66增加到12.85；然后，2017～2018年，创新投入指标有所下降，接着在

2019年又略微上升，最终在2022年达到12.73；整体而言，创新投入指标呈现出轻微的波动趋势。其次，创新产出指标从2013年的6.45增加到2014年的6.96，随后在2015~2016年之间有所下降，之后又在2017~2019年逐步上升，最终在2022年达到6.56；与创新投入指标相比，创新产出指标的波动幅度较小。再次，创新环境指标2013~2014年基本保持稳定，然后在2015年开始出现下降趋势，直到2020年；2021~2022年，创新环境指标有所上升；整体来看，创新环境指标经历了一个相对稳定的下降过程，然后在最近两年有了一定程度的改善。最后，创新绩效指标在2013~2014年下降，然后在2015~2018年有所增加；接着在2019年又有所下降，最终在2022年达到3.40；创新绩效指标的变化相对较小。

三、广西引领性区域创新高地潜力城市的识别

结合2013~2022年广西地级市的创新水平呈现差异化的发展态势，广西区域创新水平总体明显增长。可以得出以下方面用来促进广西引领性区域创新高地潜力城市的识别：

第一，南宁市在创新投入和创新环境方面表现较好，但创新绩效稍有下降。柳州市在创新产出和创新环境方面有所下降。桂林市在创新环境和创新绩效方面得分相对较低。

第二，创新产出和创新环境是广西14个地级市创新水平发展的薄弱环节，大部分城市在这两个方面的得分有所下降。创新产出需要进一步提升，以加快科技成果转化为经济效益。同时，改善创新环境，包括政策支持、科研机构建设和创新人才培养等方面，可以提升创新能力。

第三，部分城市的创新绩效得分有所提升，但整体上仍存在改进空间。进一步加强创新绩效评价体系的建设，建立科学的激励机制，鼓励企业和研发机构更好地转化科技成果和提升创新效率，有助于提高整体创新绩效水平。

第四，广西区域创新水平虽总体上升，但也有个别年份明显下降，一级指标各项指数也有波动情况。

第三节 广西引领性区域创新高地潜力型创新区识别

一、广西重点创新功能区发展水平

（一）国家高新区

国家高新区是广西重点创新功能区的重要组成部分，广西区域内现有4家国家高新区和12家自治区级高新技术产业开发区（见表4-4）。

表4-4 广西高新技术产业开发区名单

序号	高新区	所在地市	级别	认定年份
1	桂林国家高新技术产业开发区	桂林	国家级	1991
2	南宁国家高新技术产业开发区	南宁	国家级	1992
3	柳州国家高新技术产业开发区	柳州	国家级	2010
4	北海国家高新技术产业开发区	北海	国家级	2015
5	梧州高新技术产业开发区	梧州	自治区级	2012
6	钦州高新技术产业开发区	钦州	自治区级	2012
7	来宾高新技术产业开发区	来宾	自治区级	2015
8	柳州河西高新技术产业开发区	柳州	自治区级	2015
9	贺州高新技术产业开发区	贺州	自治区级	2016
10	百色高新技术产业开发区	百色	自治区级	2016
11	玉林高新技术产业开发区	玉林	自治区级	2017
12	防城港高新技术产业开发区	防城港	自治区级	2017
13	贵港高新技术产业开发区	贵港	自治区级	2018
14	崇左高新技术产业开发区	崇左	自治区级	2019

序号	高新区	所在地市	级别	认定年份
15	河池高新技术产业开发区	河池	自治区级	2023
16	临桂高新技术产业开发区	桂林	自治区级	2023

桂林国家高新技术产业开发区成立于 1988 年，1991 年经国务院批准为首批国家级高新区，是桂林市科技创新和产业升级的主要引擎，先后获得 7 个国家级和自治区级产业示范基地（试点园区）称号。现有七星园、象山园、雁山园 3 个分园组成，总面积 481 平方公里，区内常住人口 74.5 万人。围绕"建设世界级旅游目的地，桂林要打头阵、当先锋，发挥好龙头带动作用"的要求和桂林打造世界级旅游城市发展战略，立足"高新技术产业集聚区、产业融合和产城融合发展先行区、产学研用协同示范区"三大发展定位，按照"一轴、两带、六大百亿产业基地"的布局，科学合理推进产业发展，不断提升高新区在全市产业发展中的引领示范、辐射带动作用。始终以"发展高科技，实现产业化"为宗旨，已形成电子信息、生物医药、高端装备制造、生态食品四大主导产业，积极培育新材料、新能源、节能环保等战略性新兴产业，现有工业企业 1000 多家，其中规模以上工业企业 108 家，聚集有中电科 34 所、白云电气、金盘科技、中国中药、燕京（漓泉）等一大批科技含量高、带动能力强、具有自主知识产权的优质企业，当前正积极推进格力（桂林）智能制造生产基地项目落地开工，为建设世界级旅游城市提供新动能。拥有丰富的智力资源、雄厚的科研实力和良好的双创生态系统，现有 16 所大中专院校，9 个国家级和部级产品检测中心，8 个部省属科研院所，4 个博士后科研工作站，4 家国家级企业技术中心，拥有各类高层次人才 122 人，占全市总量的 1/3，发明专利万人拥有量达 111.4 件，处于国内领先水平。

南宁国家高新技术产业开发区于 1988 年成立，1992 年经国务院批准为国家级高新区。现有规划面积 163.41 平方公里。重点发展新一代信息技术产业：引进和发展智能信息终端、集成电路封装测试、可穿戴设备、北斗卫星导航、云计算、物联网、大数据和石墨烯等一批掌握核心技术、具有国际竞争力的大企业，形成以中高端产品为主、产品门类完整、结构合理的电子信息产业体系。智能制造产业：引进和发展汽车关键零部件、智能机器人、无人机研发及制造等产业。生命健康产业：引进中药民族药、生物医药、医疗器械、健康食品等行业知名企业，辐射带动一批创新型中小企业和配套企业，形成以中药民族药产业为龙头、医疗器械和健康食品为两翼，生命健康产业全面快速发展的格局。南宁高新区已有入区企业 6000 余家，产业结构持续向优，新一代信息技术、智能制造、生命健康三大产业聚焦规模以上工业企业 131 家；企业实力持续增强，战略性新兴产业企业 56 家，年产值超亿元企业 183 家，高新技术企业 179 家。

柳州国家高新技术产业开发区 1992 年经广西壮族自治区政府批准成立的自治区级高新区，2010 年经国务院批准成为国家级高新技术产业开发区。重点发展汽车、智能轨道交通、电子—光电三大支柱产业，引导发展高端装备制造、新一代信息技术、新材料三大战略性新兴产业，培育发展研发设计、检测服务、信息服务、金融服务等生产性服务业。柳州国家高新区跻身国家级知识产权强国建设试点园区，位列 2021 年度国家高新区综合排名第 60 位，入围 2022 年全国园区高质量发展百强榜第 64 位，荣列 2021 年度国家双创示范基地评估"优秀"评级，荣获"2021 年度生产力促进（发展成就）奖"。首家自治区实验室——广西新能源汽车实验室在新区挂牌成立，高新技术企业保有量首破 300 家。

北海国家高新技术产业开发区 2001 年 11 月经广西壮族自治区人民政府批准成立，2015 年 2 月，经国务院批准升级为国家级高新区。坚持实施"一区多园"发展战略，构建了核心区和政策辐射区"优势互补、错位发展"的产业空间布局，形成了软件、电力电子、海洋生物三大主导产业和电子商务、文化创意、服务外包、互联网等特色产业，辐射服务面积 25.4 平方公里。拥有国家科技企业孵化器、国家电子商务示范基地和广西服务外包园区、自治区文化产业示范园区、广西青年创新创业基地等国家和自治区级产业发展和孵化平台，集聚了北海市约 1/2 的国家高新技术企业、2/3 的自治区级以上技术工程中心和企业技术中心，建成了国家软件与集成电路公共服务平台（CSIP）北部湾平台、产权交易平台、技术创新研究开发平台和科技创新创业服务、科技资源信息共享等创新创业服务平台，拥有高新技术创业园（北海文化产业园）、电子商务孵化器、科技创业基地等孵化基地，逐步形成较为完善的创新创业生态体系。

（二）国家创新型城市

国家创新型城市是广西引领性区域创新高地建设的重要着力点，其中南宁市 2010 年获批试点建设国家创新型城市，柳州市 2022 年获批试点建设国家创新型城市。南宁市各类创新型企业数量居全区第一，1011 家企业获评国家科技型中小企业，占全区总数的 31.52%。高新技术企业保有量超 1300 家，居全区首位。南宁市共拥有国家级创新平台 35 家，占全区总数 35.35%，自治区重点实验室总数达 62 家，广西工程技术研究中心达 109 家，广西新型研发机构达 28 家，均居全区首位。根据《南宁市科技创新发展"十四五"规划》，到 2025 年，南宁市科技创新动力、活力和能力明显提升，企业创新主体地位进一步凸显，支撑重点产业发展的创新平台体系更加完善，重点产业关键核心技术攻关能力大幅提升，创新引领示范作用明显提升，国内外创新要素流动更加通畅，创新型南宁建设取得重大突破，创新指标明显增长（见表 4-5）。

表 4-5　"十四五"期间南宁科技创新发展主要指标

指标名称	2020 年	2025 年
全社会研发经费投入年均增长（%）	-4.6	27.0
全社会研发经费支出占地区生产总值比重（%）	1.07	2.50
每万名就业人员中研发人员（人年）	—	25
每万人口高价值发明专利拥有量（件）	3.23	4.50
技术市场成交合同金额（亿元）	297.43	400.00
每万家企业法人中高新技术企业数（家/万家）	42.55	54.00
高新区规模以上企业工业总产值（亿元）	418	1000

指标名称	2020 年	2025 年
数字经济核心产业增加值占地区生产总值比重（%）	5.5	8.0
规模以上工业企业新产品销售收入占规模以上工业企业营业收入比重（%）	9.3	16.0
公民具备科学素质比例（%）	11	15
新型产业技术研究机构累计数（家）	12	30

根据《柳州建设国家创新型城市实施方案（2022—2024 年）》，到 2024 年，柳州市初步形成支持全面创新的基础制度和开放创新生态，以科技创新为引领的经济体系和发展模式加快形成，"一基地三高地"建设取得积极进展，各项创新型城市指标明显增长（见表4-6）。

表 4-6　柳州市建设国家创新型城市目标

指标	2020 年基础值	2024 年目标值
全社会 R&D 经费支出与地区生产总值之比（%）	1.8	2.5
财政科技支出占财政支出比重（%）	1.14	1.30
规模以上工业企业 R&D 经费支出占营业收入比重（%）	1.20	1.35
国家、自治区级科技创新基地数（家）	87	100
引进高层次人才（人）	22	30
外国人才来华工作数（人次）	49	65
每万名就业人员中 R&D 人员（人年）	169	180
万人发明专利拥有量（件/万人）	9.5	12.0
高新技术企业数（家）	599	750
科技型中小企业数（家）	677	1000
国家、自治区级科技企业孵化器、大学科技园新增在孵企业数（家）	70	100
技术市场成交合同金额与 GDP 之比（%）	1.69	2.00
工业战略性新兴产业产值占工业总产值比重（%）	17	20
单位 GDP 综合能耗（吨标准煤/万元）	0.55	0.50
人均实际使用外资额（美元/人）	18.13	25.00
人均地区生产总值（万元/人）	7.7	8.2

（三）面向东盟科技创新合作区

根据《广西科技创新"十四五"规划》，广西将加强面向东盟的技术转移与创新合作，与东盟国家深化数字经济、特色农业、中医药、海洋和公共卫生等领域的全面科技合作，建设一批国际联合实验室或联合研究中心。2021 年 10 月，《广西壮族自治区人民政府办公厅关于成立面向东盟科技创新合作区建设工作领导小组的通知》（桂政办函〔2021〕26 号）印发，自治区人民政府决定成立面向东盟科技创新合作区建设工作领导小组，统筹推进面向东盟科技创新合作区建设各项工作，制定面向东盟科技创新合作区规划和重大政策措施，组织推进规划实施和政策落实；领导小组办公室设在自治区发展改革委，承担领导小组日常工作，办公室主任由自治区发展改革委副主任兼任，办公室常务副主任由自治区科技厅副厅长兼任。

广西面向东盟科技创新合作区建设已经取得积极进展，跨国技术转移协作网络覆盖东盟 10 国，建立了 15 个联合实验室及创新中心、12 个农业科技园区，包括中泰传统药物研究中心、中马北斗应用联合实验室、中越边境农业科技走廊、中国—老挝现代农业示范园、中国（广西）—柬埔寨（暹粒）农业科技示范园等，有效促进中国优势产能"走出去"，带动当地科技经济发展。目前，广西与东盟国家和地区在人才交流、联合研发等各个领域开展深入合作，与东盟国家建立了稳定的科技项目合作机制，吸引东盟国家企业和研发机构入驻，促进产学研深度融合，与东盟国家开展公共卫生、气候变化等全球性问题合作。未来，面向东盟科技创新合作区的科技创新合作发展水平将逐步提升，致力于打造成为国内领先水平的高质量创新区。2023 年 6 月，自治区科技厅发布《科技支撑面向东盟科技创新合作区建设项目申报指南》（桂科计字〔2023〕37 号），组织科技创新合作、省部共建靶向肿瘤学国家重点实验室建设、省部共建特色金属材料与组合结构全寿命安全国家重点实验室建设三类 9 个方向的专项科技计划项目，以落实自治区党委、政府关于面向东盟科技创新合作区建设的重点工作任务。2022 年 12 月，柳州市人民政府办公室印发《柳州建

设面向东盟的区域性国际科技创新中心行动方案（2022—2025 年）》
（柳政办〔2022〕104 号），以建设面向东盟的区域性国际科技创新中心
为主要载体，积极参与落实《中国—东盟科技创新合作联合声明》《中
国—东盟建设面向未来更加紧密的科技创新伙伴关系行动计划（2021—
2025）》，推动柳州与东盟有关国家开展全方位科技创新合作。

（四）国家可持续发展议程创新示范区

2018 年 2 月，桂林成为首批国家可持续发展议程创新示范区。桂林
市国家可持续发展议程创新示范区的建设目标是：以"景观资源可持续
利用"为主题，建设"宜游宜养的生态之城""宜居宜业的幸福之城"
"活力迸发的创新之城"，成为经济繁荣发达、社会和谐稳定、百姓殷实
安康的可持续发展样板城市；到 2025 年，成为我国西部地区和面向东盟
国家的可持续发展示范城市；到 2030 年，成为国内同类城市和世界同类
地区可持续发展的典型样板，成为全球可持续发展的实践范例。根据
《桂林市可持续发展规划（2017—2030 年）修编》，桂林市可持续发展创
新驱动指标将明显增长（见表 4-7）。

表 4-7 桂林市可持续发展创新驱动主要指标发展目标

主要指标名称	2020 年	2025 年	2030 年
研究与试验发展经费支出占地区生产总值比重（%）	0.67	1.50	2.00
每万从业人员中研发人员数（人）	42	60	75
每万人口高价值发明专利拥有量（件）	3.19	3.96	4.50
高新技术产业增加值占 GDP 比重（%）	15	25	35
新增劳动力平均受教育年限（年）	14.0	≥14.5	≥15.0
公民具备科学素质的比例（%）	8.00	12.00	15.00

桂林市国家可持续发展议程创新示范区建设在科技创新方面，高水平
建设科技创新基地与平台，针对性建设了广西漓江流域景观资源保育与可
持续利用重点实验室、广西喀斯特生态过程与服务重点实验室以及广西环

境暴露组学与全生命周期健康重点实验室，市本级 80% 以上财政科技资金用于资助企业技术创新；高新技术企业保有量 384 家，其中广西高新技术企业百强 18 家，新备案首席技术官覆盖 45% 以上的高新技术企业。有效加强产学研合作平台建设，大力推进电子信息、生物医药、康养机器人、动力电池、"桂酒"等重点领域核心技术联合攻关，构建科技企业梯次培育体系；推动组建桂林产业技术研究院，建成各类国家级科技创新创业平台 75 个以上，研发平台数量和质量保持全区前列。当然，桂林市虽拥有相对较为丰富的高校及科研院所等创新资源，但在国家可持续发展议程创新示范区建设方面也存在依靠科技创新、技术进步占领发展制高点的能力还不强，产学研用的机制不畅等方面的问题。

（五）农业高新技术产业示范区

农业高新技术产业示范区是引领性区域创新高地建设的重要组成部分，2022 年 2 月，根据《广西农业高新技术产业示范区建设工作指引》，广西壮族自治区人民政府批复同意建设崇左自治区级农业高新技术产业示范区，广西首个自治区级农业高新技术产业示范区获批建设。国家农业科技园区是国家级农业高新技术产业示范区建设的重要依托，因 2021 年 12 月广西桂林国家农业科技园区退出国家农业科技园区建设序列，取消其国家农业科技园区资格，因此广西现只有 6 家国家农业科技园区（见表 4-8）。

表 4-8　广西国家农业科技园区名单

序号	国家农业科技园区名称	验收时间
1	广西百色国家农业科技园区	2013 年 3 月
2	广西北海国家农业科技园区	2016 年 10 月
3	广西贺州国家农业科技园区	2019 年 11 月
4	广西来宾国家农业科技园区	2021 年 12 月
5	广西玉林国家农业科技园区	2021 年 12 月
6	广西南宁国家农业科技园区	2023 年 5 月

二、典型国家自主创新示范区的建设与发展

(一)珠三角国家自主创新示范区

珠三角国家自主创新示范区于 2015 年 9 月获得国务院批复建设。是广东省实施创新驱动发展战略、建设粤港澳大湾区国际科技创新中心的重大平台和引领性工程。珠三角国家自主创新示范区始终坚持"开放创新先行区、转型升级引领区、协同创新示范区、创新创业生态区"的战略定位,积极推进政策先行先试,建设开放协同创新体系,为广东全省经济实现高质量发展作出了重要贡献。

广东全省 10 家省实验室 8 家布局在珠三角国家自主创新示范区,其中广州实验室进入国家实验室梯队。广东全省 430 家国家重点实验室中,超七成(72.6%)位于珠三角国家自主创新示范区。高水平大学重点建设高校有 8 所,高水平大学重点学科建设高校有 3 所。2 家国家技术创新中心获科技部批复建设,高水平创新研究院达 20 家,新型研发机构达 160 家,占广东全省超过 63.75%。珠三角国家自主创新示范区高新技术企业存量超过 3.23 万家,入库科技型中小企业超过 2.6 万家。国家级孵化器达 123 家,国家备案众创空间达 140 家。珠三角国家自主创新示范区内 8 家国家高新区 2021 年实现工业增加值达 5598.06 亿元,占广东全省工业增加值超 1/6,国家级创新型产业集群达 11 个。推进广深港澳科技创新走廊建设,建有 15 家粤港澳联合实验室,占广东全省的 75%。2020 年全年共完成技术合同成交额超 2416.25 亿元,占广东全省的 69.71%;技术交易额超 1624.63 亿元,占广东全省的 61.26%。

广东珠三角地区各类创新资源富集,在珠三角国家自主创新示范区则更为密集,珠三角国家自主创新示范区各类重要创新资源约占广东全省的 2/3,如果加上广东省另一家同属珠三角地区的深圳国家自主创新示范区。则广东的国家自主创新示范区所涉及的地域,几乎集中了广东省全部的重要创新资源。

（二）长株潭国家自主创新示范区

长株潭国家自主创新示范区位于湖南省，是我国中部地区第一个以城市群为基本单元建设起来的国家自主创新示范区，肩负着探求自主创新与科技体制改革的重要使命。2013年6月6日，湖南省正式提出依托长沙、株洲、湘潭三个城市高新技术产业开发区建设国家自主创新示范区，2014年12月4日，国务院正式批文支持在长株潭建设国家自主创新示范区。国务院的《关于同意支持长株潭国家高新区建设国家自主创新示范区的批复》文件中，明确指出要大力支持长沙、株洲和湘潭三个国家高新区建设国家自主创新示范区。随着长株潭国家自主创新示范区的建成，带动当地科技创新、促进本地高新技术产业发展、优化全域科技体制、加快湖南科技强省的建设，逐步形成了"自主创新长株潭现象"。

长株潭国家自主创新示范区所涉及的长沙、株洲、湘潭三市，以湖南全省13.3%的国土面积和25.7%的人口，创造了湖南全省40%以上的经济总量和财政收入，集聚了85%以上的科研成果，涌现出超级杂交稻、160公里商用磁浮列车、"海牛Ⅱ号"深海钻探机、北斗卫星导航核心技术等120余项重大原创成果和前沿技术，支撑湖南全省区域创新能力连续进到全国第八位。特别是创新链产业链深度融合，特色化打造长株潭"科创谷""动力谷""智造谷"，培育壮大了工程机械、轨道交通装备、航空动力等世界级产业集群。湖南工程机械营业收入超出全国1/4，支撑湖南全省装备制造产业突破万亿元大关，中小航空发动机产业规模和竞争能力位居全国第一。到2025年，长株潭国家自主创新示范区在一体化发展格局、自主创新能力、创新资源开放共享、辐射带动能力等方面都要显著提升，打造具有核心竞争力的科技创新高地的主阵地、全国创新版图中的重要一极。

（三）乌昌石国家自主创新示范区

乌昌石国家自主创新示范区是指以乌鲁木齐、昌吉、石河子高新技术产业开发区为核心建设的国家自主创新示范区，不仅是加快乌昌石三地产业攀升、经济转型发展的重要机遇，更是为实现新疆社会稳定和长治久安总目标打下更加坚实的基础，为丝绸之路经济带核心区建设提供更有力的支撑。乌昌石国家自主创新示范区充分发挥三大城市的区位优势、创新资源优势和产业基础优势，积极开展创新政策先试先行，已经培养了良好的创新创业业态，各类创新主体活力不断激发，丝绸之路经济带创新创业高地正在逐步形成，全域创新体系整体效能显著提升，乌鲁木齐、昌吉、石河子高新区已经成为科技体制改革和创新政策试验区、创新创业生态优化示范区、科技成果转化示范区、新兴产业集聚示范区、转型升级引领区、科技创新国际合作先导区，特色优势产业提升成为区域发展的新动能，未来必将加快形成具有全球竞争力的创新型产业格局（见图4-7）。

图4-7 乌鲁木齐高新区（新市区）钻石城中央商务区

（四）城市群型国家自主创新示范区的建议与发展经验

城市群型国家自主创新示范区是指在特定的地理区域内，依托城市群的集聚效应，以自主创新为核心驱动力，打造创新驱动发展的示范区域。国家自主创新示范区在经过10多年的发展，目前已经先后建成中关村、武汉东湖、上海张江等23个国家自主创新示范区，其中以城市群为基本单元的自创区有13个。其中，2014年10月，国务院批复江苏苏南建设首个城市群型自创区，也是全国的第五个自创区，它以南京、无锡、常州、苏州、镇江等城市所辖的全部国家高新园区为主体来协同共建，"十三五"期间，国务院以同样模式批复了长株潭、珠三角、郑洛新等城市群型自创区，目前正在逐步发展、探索区域创新一体化带动区域协调发展的路径机制。城市型国家自主创新示范区发展态势良好、整体效应凸显，对区域发展和产业升级的引领示范作用日益加强，已成为我国创新驱动发展和经济高质量发展的重要支撑，在一定程度上消除了科技与经济深度融合的体制机制障碍，促进了区域创新一体化的发展。

城市群型国家自主创新示范区的发展经验主要表现在以下几点：

第一，确定发展定位，根据区域的产业优势和创新基础，明确示范区的定位和发展方向，可以结合国家的战略重点，发展高新技术产业、创新型服务业等领域，形成专业化、特色化的产业集群。

第二，政策支持，政府应出台一系列支持政策，包括财政支持、税收优惠、科技创新基金等，吸引企业和创新人才入驻示范区，要简化行政审批程序，提供优质的公共服务，为企业和创新团队提供便利条件。

第三，创新生态建设，建设良好的创新生态系统是示范区发展的基础，要加强科技创新平台和科研机构建设，提供创新资源和技术支持，还要加强产学研合作，促进企业和高校、科研院所之间的合作交流，共同推动科技创新。

第四，人才引进和培养，要加大人才引进力度，吸引高层次人才和优秀团队，建设一支高水平的创新团队。同时，要加强人才培养，培养创新创业人才，提供良好的人才培训和发展机会。

第五，开放合作，要加强与国内外的开放合作，吸引国际先进科技和创新资源，可以与国内外知名高校、科研机构、企业等建立合作关系，共同开展科技创新项目，促进技术交流和产业合作。

第六，推动产业转型升级，要抓住机遇，推动传统产业的转型升级。可以通过技术创新、工艺改进等手段，提高产业的竞争力和附加值，推动产业的可持续发展。总之，建设城市群型国家自主创新示范区，需要政府的政策支持和引导，企业和创新团队的积极参与，以及良好的创新生态和合作环境。通过持续不断地创新和合作，可以实现示范区的可持续发展和创新驱动的经济增长。

三、典型国家农业高新技术产业示范区的建设与发展

（一）山西晋中国家农业高新技术产业示范区

山西晋中国家农业高新技术产业示范区国函〔2019〕113号总面积106.49平方公里，四至范围：东至太太路、太谷县城，南至太谷县山区，西至太谷县县界，北至太谷县水秀乡南郭村。其中规划建设用地面积3.11平方公里，分三个区块。区块一规划面积0.35平方公里，四至范围：东至108国道，南至西付井村地，西至北付井村地，北至箕城西街。区块二规划面积1.97平方公里，四至范围：东至108国道，南至108国道，西至巨鑫现代农业示范园，北至曹庄村地、西付井村地。区块三规划面积0.79平方公里，四至范围：东至农谷大道，南至北洸村庄南侧，西至北洸村地，北至南同蒲铁路。

山西晋中国家农业高新技术产业示范区是国家为促进山西省农业高新技术产业发展而设立的示范区，其目标是推动农业现代化和农业产业转型升级，定位为农业科技创新中心和农业高新技术产业发展示范区，重点发展领域包括农业科技创新、农业装备与机械化、农产品深加工与品牌建设、农业资源高效利用等，该示范区致力于推动农业科技创新与产业发展，促进山西省农业的现代化和可持续发展。

（二）内蒙古巴彦淖尔国家农业科技园区

内蒙古巴彦淖尔国家农业高新技术产业示范区总面积139.74平方公里，四至范围：东至乌兰图克镇新民村、八一新道村，南至110国道、永济渠，西至城关镇远景村、干召庙镇民主村，北至G6京藏高速。其中规划建设用地面积3.96平方公里，分三个区块。区块一规划面积0.56平方公里，四至范围：东至建材路，南至110国道，西至立强路，北至融丰街。区块二规划面积1.27平方公里，四至范围：东至经四路、港丰路。

南至 110 国道，西至建材路，北至冶丰街。区块三规划面积 2.13 平方公里，四至范围：东至经九路，南至 110 国道，西至物流大道，北至纬四路。

内蒙古巴彦淖尔国家农业科技园区是国家为推动农业科技创新和农业产业升级而设立的园区，位于内蒙古自治区巴彦淖尔市，地处中国北方草原农牧交错带，具有得天独厚的农业资源和优势，其目标是成为国内一流的农业科技创新和农业产业发展基地，推动农业现代化和农业经济转型升级，努力在特色生态农牧产业集群、引领生态农牧业高质量发展等方面探索示范，努力创造出可复制、可推广的经验。

（三）新疆昌吉国家农业科技园区

新疆昌吉国家农业高新技术产业示范区总面积 109.95 平方公里，四至范围：东至乌鲁木齐市、五家渠市，南至 S112 省道，西至昌吉市滨湖镇，北至昌吉市滨湖镇、五家渠市。其中规划建设用地面积 3.85 平方公里，四至范围：东至 G312 国道，南至昌吉市北外环路，西至昌吉市建设路，北至昌吉市北绕城路。

新疆昌吉国家农业科技园区是国家为促进新疆昌吉地区农业科技创新和农业产业发展而设立的园区，位于新疆维吾尔自治区昌吉回族自治州，地处新疆北部，拥有丰富的农业资源和广阔的耕地，其目标是成为新疆地区一流的农业科技创新和农业产业发展基地，推动农业现代化和农业经济转型升级。

（四）国家农业高新技术产业示范区的建设与发展经验

国家农业高新技术产业示范区是农业科技园的一种高级形态，建设"农高区"既要系统谋划，也需要落实关键举措，贯彻落实实施创新驱动发展战略、加快农业现代化发展。国家农业高新技术产业示范区的建设与发展经验主要表现在以下几个方面：

第一，充分彰显建好农高区的重大意义，让更多人了解建设农高区的重要性和必要性。

第二，要充分借鉴国内外先进经验，进一步解放思想、更新观念，认真借鉴发达国家和先进省市的现代农业园区建设的宝贵经验,主动接受新理念、新模式、新技术,以国际眼光和全球视野破解园区发展难题。

第三,增创高质量发展的新优势,主要从增创科教资源集聚的新优势、增创特色产业发展的新优势、增创对外开放新优势等方面发力,打造开放、包容、普惠、平衡、共赢的经济生态。

第四,推进科技创新和制度创新双轮驱动,充分发挥科技创新在农业供给侧结构性改革中的关键和引领作用,充分发挥制度创新在高质量建设农高区中的基础和保障作用,不断激发园区发展内生活力。

第五,落实落细关键要求,加大政策支持力度,牢牢把握国家规划建设农高区的任务使命,加强组织领导、完善工作机制、明确工作责任、强化政策支持,贯彻落实相关细节要求,努力做到先行先试,凝聚强大合力,打造高水平的农高区。

第五章　广西引领性区域创新高地培育的路径

第一节　广西引领性区域创新高地培育路径的设计

一、广西引领性区域创新高地的潜力城市创新布局

（一）南宁市创新发展的基础和瓶颈

广西引领性区域创新高地的潜力城市中，南宁市作为广西首府和经济中心，具有较好的创新发展基础和潜力，拥有相对较好的发展基础。从区位优势来看，南宁市位于中国西南地区，与东盟国家接壤，地理位置优越，是中国与东盟开展合作的重要门户城市；从交通网络来看，南宁市拥有发达的交通网络，便捷的陆路、水路和航空运输，为创新发展提供了便利条件；从人才资源来看，南宁市拥有丰富的人才资源，吸引了大量的高级人才和创新团队，为创新发展提供了重要支持；从产业基础来看，南宁市拥有多个重点产业，如电子信息、先进装备制造、生物医药、轻工产业等，为创新发展提供了产业基础和技术支持。

南宁市作为新兴城市，在打造广西引领性区域创新高地的潜力城市中，也存在着一系列的瓶颈。如科技创新投入不足，南宁市在科技创新投入方面相对较低，需要进一步加大对科技创新的资金和政策支持。如创新生态不完善：南宁市的创新生态环境相对薄弱，缺乏良好的创新氛围、创新平台和创新机制，需要进一步完善创新生态系统。如企业创新能力有待提升：南宁市的企业创新能力相对较弱，缺乏创新意识和创新能力，需要加强企业创新培训和支持措施。如产业结构亟待优化：南宁市的产业结构相对单一，需要加快转型升级，推动新兴产业的发展，提升整体创新能力。

南宁市作为广西引领性区域创新高地的潜力城市，具备较好的创新发展基础，但在科技创新投入、创新生态、企业创新能力和产业结构等方面仍存在一定的瓶颈，需要加大政策支持和改革创新力度，进一步激发创新活力，推动创新发展。

（二）柳州市创新发展的基础和瓶颈

广西引领性区域创新高地的潜力城市中，柳州市作为重要的工业城市，在创新发展方面也具备一定的基础和潜力，在打造广西引领性区域创新高地的潜力城市中，拥有创新发展的基础条件。从工业基础来看，柳州市拥有发达的工业基础，特别是汽车、冶金、化工等行业，为创新发展提供了技术和产业基础。从交通条件来看，柳州市交通便利，拥有铁路、公路、水路等多种交通方式，有利于技术和信息的传输和交流。从人才储备来看，柳州市拥有一定的人才储备，特别是在工程技术和管理方面，为创新发展提供了一定的支持。从政策扶持来看，柳州市积极推动创新发展，出台了一系列的支持政策，如财政扶持、税收优惠等，为创新企业提供了良好的政策环境。

柳州市作为广西老牌工业城市，在创新发展方面也存在一定的瓶颈。如创新投入不足，柳州市在科技创新投入方面相对较低，需要加大对科技创新的投入力度，提高科技研发经费投入比例。如创新生态欠缺，柳州市的创新生态系统相对薄弱，缺乏创新平台和创新机制，需要进一步完善创新生态环境，提供更多的创新资源和支持。如人才流失问题，柳州市的高层次人才流失问题较为严重，需要加强人才引进和留住工作，提供更好的发展机会和福利待遇来留住人才。如产业结构不够多元化，柳州市的产业结构相对单一，主要以传统制造业为主，需要加快转型升级，发展新兴产业，提升整体创新能力。

柳州市作为广西引领性区域创新高地的潜力城市，在工业基础、交通便利、人才储备和政策扶持等方面具备一定的创新发展基础，但仍需加大创新投入、完善创新生态、解决人才流失和推动产业结构转型等方面的瓶颈问题，以推动柳州市的创新发展。

（三）桂林市创新发展的基础和瓶颈

广西引领性区域创新高地的潜力城市中，桂林市作为旅游名城，也具备一定的创新发展基础和潜力，在打造广西引领性区域创新高地的潜力城市中，桂林市拥有着创新发展的基础条件。如自然资源优势，桂林市拥有得天独厚的自然环境和丰富的自然资源，如美丽的山水景观和世界自然遗产资源，为创新发展提供了独特的基础。如旅游产业基础，桂林市的旅游产业发达，拥有丰富的旅游资源和完善的旅游基础设施，为创新发展提供了产业基础和市场需求。如高等教育资源，桂林市拥有多所高等院校和科研机构，培养了大量的科技人才，为创新发展提供了人才支持。如政府支持，桂林市政府高度重视创新发展，出台了一系列的支持政策和措施，为创新企业提供了政策和资金支持。

桂林市作为广西历史名城，受地缘政治等多重因素的影响，在创新发展方面也存在着一定的瓶颈。如创新氛围不足，桂林市的创新氛围相对较弱，缺乏创新意识和创新文化，需要加强创新教育和创新引导，培养创新思维和创新意识。如产业结构单一，桂林市的产业结构相对单一，主要以旅游业为主导，缺乏多元化的产业发展，需要加快推动新兴产业的发展，提升整体创新能力。如人才流失问题，桂林市的高层次人才流失问题较为严重，需要加强人才引进和留住工作，提供更好的发展机会和福利待遇来留住人才。如技术创新投入不足，桂林市在科技创新投入方面相对较低，需要加大对科技创新的资金和政策支持，提高科技研发经费投入比例。

桂林市作为广西引领性区域创新高地的潜力城市，在自然资源优势、旅游产业基础、高等教育资源和政府支持等方面具备一定的创新发展基础，但仍需加强创新氛围建设、推动产业结构多元化、解决人才流失和增加技术创新投入等方面的瓶颈问题，以推动桂林市的创新发展。

（四）北海市创新发展的基础和瓶颈

广西引领性区域创新高地的潜力城市中，北海市作为沿海城市，也具备一定的创新发展基础和潜力，在打造广西引领性区域创新高地的潜力城市中，拥有创新发展的基础条件。如地理位置优势，北海市位于广西沿海地区，拥有得天独厚的地理位置优势，便于与国内外进行经贸交流，为创新发展提供了便利条件。如港口资源，北海市拥有临港经济区和港口资源，便于进出口贸易和物流运输，为创新发展提供了基础设施和便捷的贸易环境。如旅游资源，北海市拥有丰富的海洋和自然旅游资源，如美丽的海岸线和独特的海岛景观，为创新发展提供了旅游产业基础和市场需求。如政府支持，北海市政府高度重视创新发展，出台了一系列的支持政策和措施，为创新企业提供了政策和资金支持。

北海市作为广西沿海城市的代表，受地缘的影响，在创新发展方面也存在着一定的瓶颈。如创新人才缺乏，北海市的高层次人才相对不足，特别是创新型人才的供给不足，需要加强人才引进和培养，提高创新人才的数量和质量。如创新基础设施不完善，北海市的创新基础设施相对薄弱，如科研机构、创新孵化器等，需要加强基础设施建设，提供更好的创新平台和资源支持。如产业结构不够多元化，北海市的产业结构相对单一，主要以旅游和港口物流为主导，缺乏多元化的产业发展，需要加快推动新兴产业的发展，提升整体创新能力。如创新文化欠缺，北海市的创新文化氛围相对不足，缺乏创新意识和创新文化的培育，需要加强创新教育和创新引导，营造良好的创新氛围。

北海市作为广西引领性区域创新高地的潜力城市，在地理位置优势、港口资源、旅游资源和政府支持等方面具备一定的创新发展基础，但仍需加强创新人才培养、完善创新基础设施、推动产业结构多元化和培育创新文化等方面的瓶颈问题，以推动北海市的创新发展。

二、广西引领性区域创新高地培育的总路径

（一）广西引领性区域创新高地培育的脉络

广西引领性区域创新高地培育立足于广西独有的经济、社会环境，围绕创新功能区提升工程，以高新区、农高区等创新功能区的优化布局为抓手，提升优化创新区，创建国家自主创新示范区和国家农业高新技术产业示范区等引领性创新区，推进基于创新的城市化进程，借助交通轴线和通道经济，深入落实"创新功能区（高新区、农高区等）→创新城区→创新城市→城市群创新→创新走廊"的广西引领性区域创新高地培育发展总路径，也是优化涵盖全区的全域创新总体格局的总脉络，重点是构建基于南宁、柳州、桂林、北海四市的"G72-G75创新走廊"，推动广西引领性区域创新高地潜力城市的发展。

（二）广西引领性区域创新高地培育总路径的具体实施

广西引领性区域创新高地培育的首要环节是确定区域创新高地培育的重点领域和产业集群，统筹规划，集中培育，定点突破，围绕三个关键路径，推进引领性区域创新高地的建设发展。

关键路径一：创新区提升，从国家级新区、国家自主创新示范区、国家农业高新技术产业示范区等方面推进创新区域的创建与发展。

关键路径二：优化全域创新总体格局，基于创新的城市和城市群发展，构建国家级北部湾城市群的创新发展和创新型省份建设驱动的广西创新型城市建设；基于通道经济的战略性新兴产业布局优化，从湘桂线战略性新兴产业布局、西部陆海新通道战略性新兴产业布局和珠江—西江经济带战略性新兴产业布局整体推进；从创新轴线的形成与提升、创新区域的组合与协调、开放式区域创新的角度促进广西全域创新格局的整体优化。

关键路径三：构建"G72-G75创新走廊"，从构建涵盖南宁、柳州、桂林、北海"G72-G75创新走廊"的视角出发，打造"强首府"战略为

核心，以南宁市引领全域创新发展的全域创新空间布局，促进广西引领性区域创新高地发展演化。

第二节　关键路径一：创新区提升

一、国家自主创新示范区的创建

（一）广西国家自主创新示范区建设发展现状

2016 年 9 月，广西召开全区创新驱动发展大会，出台了《中共广西壮族自治区委员会广西壮族自治区人民政府关于实施创新驱动发展战略的决定》（桂发〔2016〕23 号）及其配套文件，提出积极打造创新示范区：依托国家级高新区积极争创国家自主创新示范区，支持其在体制改革、人才激励、知识产权、科技金融、成果转化、土地管理、创新评价等方面先试先行，争取在重要领域和关键环节取得新突破，发挥示范带动作用。为广西自主创新示范区建设指明了创建国家自主创新示范区的目标方向①。截至 2017 年底，广西壮族自治区人民政府先后批复同意柳州、桂林、南宁、北海建设自治区级自主创新示范区。南宁自主创新示范区以南宁高新区为核心，目标是建成中国与东盟开展创新合作及提升区域影响力的战略枢纽区，打造东南亚乃至国际一流的、具有国际影响力的自主创新示范区。柳州以柳州高新区、河西高新区为核心，构筑产业转型升级示范区、开放创新引领区、创新创业集聚区、科技体制改革先行区、战略性新兴产业发展加速先导区和具有区域影响力的创新中心。桂林以桂林高新区、桂林经开区为依托，力争建成桂林国际旅游胜地建设的重要引擎、广西大学

---

① 广西壮族自治区人民政府办公厅关于印发广西强化实施创新驱动发展战略进一步推进大众创业万众创新深入发展实施方案的通知（桂政办发〔2018〕），http：//www.gxzf.gov.cn/zfwj/zzqrmzfbgtwj_34828/t1506391.shtml。

生创新创业示范区、广西高新技术产业基地、国家小型微型企业创新示范基地和连接中南、西南、华东技术转移的新高地。北海自主创新示范区以北海高新区为依托，构建广西体制改革的先行区、开放创新的引领区、高新技术产业示范区、创新创业集聚区和广西具有区域影响力的创新中心①。

2017 年 10 月，《广西壮族自治区高新技术产业开发区创新能力提升计划》（计划实施期限为 2017～2020 年）印发（桂科高字〔2017〕259号），"以南宁、柳州、桂林、北海国家高新区为依托，建设自治区级自主创新示范区，争创国家自主创新示范区"列入重点任务。2017 年 11月，广西高新区创新能力提升计划暨自主创新示范区建设新闻发布会在南宁举行，争创国家自主创新示范区列入广西高新区创新能力提升计划重点任务的范畴②。

2018 年 11 月，《广西科技创新支撑产业高质量发展三年行动方案（2018—2020 年）》（桂政发〔2018〕51 号）印发实施，要求依托南宁、柳州、桂林、北海 4 个国家级高新区，启动申报创建"南柳桂北"国家自主创新示范区。2019 年 1 月，广西壮族自治区第十三届人民代表大会第二次会议政府工作报告明确 2019 年要创建"南柳桂北"国家自主创新示范区，由自治区科技厅牵头落实。

（二）广西国家自主创新示范区创建趋势与路径

广西国家自主创新示范区创建，重点围绕国家对国家自主创新示范区发展建设的重要指示，强调示范区要为转变经济发展方式提供支撑，强调示范区在国家创新体系中具有重要地位，强调要发挥示范区制度创新的作用，强调示范区要服务国家区域发展战略，构建广西国家自主创新示范区的新发展趋势。主要从以下几个方面出发：

第一，继续强化产业导向，重点培育一批战略性新兴产业集群。例

---

① 李新雄. 广西 4 市获批建设自主创新示范区［N］. 广西日报，2017-12-15.
② 广西高新区创新能力提升计划暨自主创新示范区建设新闻发布会发布词［EB/OL］. http：//kjt. gxzf. gov. cn/xxgk/hygq/xwfbh/t3154903. shtml.

如，新能源、新材料、生物医药等。

第二，加强不同示范区之间的协同与资源整合，形成各具特色但互为补充的产学研体系。

第三，引进更多国内外高端人才，重点吸引海外高层次人才回流，培养应用型创新人才。

第四，加强与国内外一流大学和研究机构的合作，共同建设联合实验室、联合研发中心等。

第五，加强与企业的深度合作，支持企业参与科技成果转化和产业化。

第六，加强基础设施建设，重点是科技基础设施，如国家级企业技术中心、技术交易市场等。

第七，改进创新政策与机制。完善创新链条，支持创新项目全过程资助，推动区域内创新与产业融合发展，形成以产业为导向的区域创新格局。

二、国家农业高新技术产业示范区的创建

（一）广西农业高新技术产业示范区建设发展现状

广西国家农业高新技术产业示范区在构建过程中，主要需依托现有国家农业科技园区的特色和发展重点，推动农业科技创新和现代农业产业发展，提高农业生产效益和竞争力。

广西玉林国家农业科技园区：位于玉林市，园区总面积 17.9 万亩，核心区 2.1 万亩，以中药材种植与良种繁育、科技研发、科普教育等为主，着力构建"2+4+5"的健康农业产业体系，即中药材种植和现代种业两大主导产业，休闲农业和乡村旅游、优质水稻种植、花卉苗木种植、优质果蔬种植四大兼容产业，农产品精深加工、现代农产品流通与贸易、农业科技服务、健康养生养老、农业会议展览五大新兴产业，把园区建设成为现代农业创新驱动发展的新高地。

广西柳州国家农业科技园区：位于柳州市，重点发展农产品加工、农业装备制造、现代农业种植等领域。

广西南宁国家农业科技园区：位于南宁市，整合了武鸣区和广西—东盟经开区两个自治区级农业科技园区优势资源，围绕以沃柑为主的亚热带特色水果产业，规划核心区 3.4 万亩、示范区 495 万亩。

广西贺州国家农业科技园区：位于贺州市，围绕脐橙（柑橘）产业、特色蔬菜产业、休闲农业与乡村旅游业"三大产业"，规划面积约 5.6 万亩，其中以脐橙与蔬菜为主导产业的核心区面积约 1.35 万亩、示范区4.25 万亩。

广西来宾国家农业科技园区：位于来宾市，围绕甘蔗、晚熟柑橘主导产业，打造"甜蜜产业"，已建成全国最大的糖料蔗副产品综合利用基地。

广西来宾国家农业科技园区：位于百色市，已建成"七园两基地"，即中国—东盟现代农业科技展示园、优质芒果产业化示范园、反季节无公害蔬菜示范园、优质高产香蕉产业化示范园、优质高产高糖甘蔗示范园、优质种子种苗繁育示范园、特色畜禽水产养殖示范园，农村信息服务体系及科技培训基地、农产品加工产业化基地等。现已种植芒果面积达 40 万亩，无公害蔬菜 32 万亩，香蕉 120 万亩，甘蔗 96 万亩。

（二）广西国家农业高新技术产业示范区创建趋势与路径

根据广西当前的发展态势，广西国家农业高新技术产业示范区今后创建的主要趋势和路径有以下几点：

第一，重点发展农业智能化、精准化和生态化方向，推动农业机械智能化、农作物精准育种、农业生态化等应用。

第二，加强农业科研与产业化相结合，支持建设国家级农业科技研发机构，加快科技成果转化。

第三，引进高端农业装备和智能化设备企业，培育一批农业装备及智能农业产业集群。

第四，吸引海内外农业高新技术人才，重点引进海外高层次人才，培养应用型农业技术人才。

第五，加强与高校和研究机构的合作，共同建设农业技术研发中心和联合实验室。

第六，支持农业高新技术企业孵化与发展。提供政策扶持，助推产业化进程。

第七，完善农业产业链与产品流通体系，打造农产品电商交易平台等。

第八，强化品牌建设与影响力扩展，通过重大项目，提升国内外知名度。

第九，推动智慧农业和农村振兴，促进农业现代化水平大幅提升，助力广西农业高新技术产业快速发展壮大。

三、国家级新区的建设与发展

（一）南宁市五象新区建设发展现状

南宁市五象新区是广西壮族自治区南宁市的一个新兴城市发展区域，位于南宁市的东北部，距离市中心约 10 公里，总规划面积约为 56 平方公里，其发展定位为南宁市的创新创业示范区和现代服务业集聚区，致力于推动经济结构转型升级和城市发展。五象新区重点发展新兴产业和高新技术产业，包括电子信息、生物医药、新材料、现代物流等领域。新区吸引了一批高新技术企业和研发机构的落户，并积极推动科技创新和产业升级；注重基础设施建设，包括道路、供水、供电、通信等方面的建设。目前，在南宁市五象新区内有多条高速公路、轨道交通线路和城市道路，供水供电等基础设施相对完善。五象新区注重人才引进和培养，通过引进高层次人才和优秀团队，提供人才政策和服务，培养创新型人才和创业人才，促进人才的集聚和发展。五象新区以生态、智慧、宜居为理念，注重城市规划和建设。新区内有多个城市公园和绿化景观，推动了城市环境的改善和提升。五象新区得到了政府的支持，出台了一系列支持新区建设和发展的政策和措施，提供资金支持和优惠政策，为企业和项目提供了良好的发展环境和条件。南宁市五象新区正致力于打造成为南宁市经济发展的新引擎和创新创业的重要平台，为广西乃至整个西南地区的经济发展做出积极贡献。

（二）南宁市五象新区创设国家级新区的趋势与路径

南宁市五象新区创设国家级新区的主要趋势和路径主要表现在以下几个方面：

第一，加快高新技术产业发展，重点培育一批战略性新兴产业，形成产业集群。

第二，引进高端人才，重点吸引海内外高层次科技人才和创新团队入驻。

第三，加强科研机构建设，支持建设国家级科研院所和工程研发中心。

第四，加强与高校合作，与高校共建联合实验室，培养应用型人才。

第五，完善金融支持，健全多层次资本运作机制，支持创新企业发展。

第六，改进政策环境，出台更优惠的税收、土地使用等政策。

第七，提升基础设施水平，建设国家级技术交易市场和产学研合作平台。

第八，强化品牌影响力，通过重大项目，提升国内外知名度。

第九，推动与周边区县协同发展，形成产业链、创新链协同效应。南宁市五象新区近几年要努力争取国家级科技园区或自贸试验区等资格，通力实施，促进发展，争取在近几年获得国家级新区建设资格。

第三节　关键路径二：全域创新总体格局的优化

一、基于创新的城市与城市群发展

（一）国家级北部湾城市群的创新发展

国家级北部湾城市群的创新发展一是区域内城市聚焦于不同领域，加强城市群间的科技资源整合，不同城市根据自身优势，形成互补的科技体系，实现资源共享；二是重点培育一批战略性新兴产业，重点开发新能源、新材料、生物医药等新兴产业，形成具有影响力的产业集群；三是加强与高校和研究机构的深度合作，支持建设联合实验室，开展联合研发；四是引进和培养一批创新创业型人才，重点吸引海内外高层次科技人才；五是完善城市群创新链条。支持创新项目全过程资助，促进科技成果转化；六是建设一批共享的科技基础设施。如技术交易市场、技术服务中心等；七是优化城市群创新环境。出台支持创新创业的政策措施；八是强化城市群整体品牌影响力。通过重大科技成就提升国内外知名度，推进北部湾城市群形成一体化的区域创新体系。

（二）创新型省份建设驱动的广西创新型城市建设

我国深入实施创新驱动发展战略，充分发挥地方政府的主体作用，采取建设创新型省份的试点政策，从更高的层次透视各类相关政策的作用效果，促进产业创新成果的转化，推进创新型城市建设。创新型省份建设的推进具有深刻而现实的时代背景，是我国实施建设创新型国家战略和创新驱动发展战略的重要支柱和抓手。创新型省份和创新型城市是建立在创新型国家战略实施下，从 2006 年首次提出建设创新型国家战略，2008 年开始逐步试点创新型城市建设，2013 年国家科技部批复了第一批创新型省份建设试点省份名单，2016 年进一步推动创新型省份建设，批复第二批创新型省份建设试点省①。

广西深入实施创新驱动发展战略，全面推进创新型省份建设，推动科技与经济深度融合，促进具有广西特色和优势的创新驱动发展，以创新型省份建设驱动的广西创新型城市建设也得到了一定的发展。目前，已经重点培育了一批区域创新中心城市，形成了以南宁、柳州等为主的城市群创新网络；逐步加强了城市间科技资源共享，建设成跨城市的科技基础设施

---

① 武汉大学创新型城市研究课题组．新时代高质量发展下的创新型城市建设——基于西安创新型城市的思考 [J]．中国科技论坛，2019（11）：132-137．

与平台，根据自身优势培育不同领域的产业，聚焦新能源等战略性新兴产业，支持多家科技企业孵化与成长，并完善了各类科技产业园区；出台支持科技创新和企业发展的相关政策措施，优化城市环境，推进广西建设了一批科技创新能力强、影响力大的城市，服务创新型省份与创新型国家建设。

二、基于通道经济的战略性新兴产业布局优化

"通道兴则产业兴，产业兴则城市兴"，通道经济是以地理的联结为前提，依托交通优势，以发展区域经济为中心，以经济合作为纽带，布局和规划产业结构，实现产业向通道集散，促进区域间、城乡间、产业间的经济联系。发展通道经济，全面提升经济发展层次，加快推进区域内贸易投资自由化、便利化、构建一体化区域经济发展格局[①]。发展通道经济是通过对交通运输基础设施项目的投资，改善区位条件，加强区域经济联系，充分发挥点轴系统的集聚、扩散功能，增强区域比较优势和刺激国际贸易增长，形成交通运输与区域经济发展紧密的互动关系，是最大限度开发利用发挥地理优势，促进区域经济一体化发展。广西引领性区域创新高地培育的关键路径是基于通道经济的战略性新兴产业布局优化，是广西区域资源可持续发展的重要举措，也是广西经济创新发展的重要途径。

（一）湘桂线战略性新兴产业布局

广西引领性区域创新高地建设必须重视湘桂线战略性新兴产业布局，湘桂线沿线城市是广西的重要经济支撑点，发展战略性新兴产业有利于带动区域经济增长；在湘桂线沿线城市发展战略性新兴产业可以利用在新材料、生物医药等领域的科研优势，提升产业链条水平，同时，湘桂线高速铁路、高速公路提速等基础设施建设已较好，更便于产业资源的流动集聚和战略性新兴产业布局，也有利于形成广西内部城市群，推动区域协同发展。发展湘桂线战略性新兴产业是广西引领性区域创新高地建设的重要组

---

① 张必清. 丝路经济带跨国物流通道的战略布局 [J]. 开放导报，2014（06）：49-53.

成部分，有利于实现创新驱动发展战略。湘桂线发展战略性新兴产业，可以考虑以下几个方面：

第一，新能源产业，重点是新能源汽车及其关键零部件制造。利用广西丰富的钒钛资源优势。

第二，高端装备制造业，如机床、机器人等工业机器人及自动化设备。

第三，生物医药产业，利用在生物技术和医疗资源上的优势，发展新药研发。

第四，新材料产业，包括钒钛功能材料、高性能复合材料等。

第五，低碳环保产业，如风电、太阳能电站等新能源设备制造，以及资源综合利用等。

第六，智能制造业，重点是工业互联网、工业软件和智能设备。

第七，现代农业产业，如农业机械、农业信息化等。

第八，文化旅游产业，结合文化资源优势，发展有较强的市场潜力的文旅产业，打造成湘桂线区域性的支柱产业。

（二）西部陆海新通道战略性新兴产业布局

广西引领性区域创新高地建设重视西部陆海新通道战略性新兴产业布局，可以利用广西优越的地理位置，充分发挥西部陆海新通道的辐射效应，扩大产业影响范围；可以与周边国家和地区在新通道沿线开展产业合作，形成互利共赢的区域产业链；可以利用通道建设带来的先期投入，吸引更多跨国企业参与产业布局；可以与通道沿线国家在新能源、智能制造等领域开展技术合作，提升广西产业水平；可以充分发挥海南自由贸易港区优势，助推广西面向东南亚和南亚国家的对外开放；可以培育一批具有国际竞争力的龙头企业，提升广西在全球价值链中的地位；可以吸引更多国内外资金参与产业投资，推动区域经济高质量发展。因此，重视西部陆海新通道战略性新兴产业布局对广西区域创新高地建设具有重要意义和推动作用。

西部陆海新通道战略性新兴产业布局可以从以下几个方面来实施：

第一，发展物流产业，建设跨境综合保税区、物流园区和物流中心，发展海陆联运、跨境电商等业务。

第二，发展能源产业，开发天然气管道、油气资源开发，利用清洁能源合作等。

第三，发展工业产业，布局智能装备、新材料、生物医药等战略性新兴产业园区。

第四，发展农业产业，集中推进农产品深加工、第三方储备库、农产品贸易等。

第五，发展信息产业，打造数字经济示范区，发展电子商务、云计算应用等。

第六，发展金融产业，建立跨境结算中心、跨境资产管理等金融服务体系。

第七，发展文化旅游业，打造文化旅游线路和主题项目，如边境旅游、红色旅游等。

第八，发展高新技术产业，重点支持生物医药、新能源、新材料等领域企业。

第九，发展人才产业，培育高端人才集聚区，带动相关服务业发展。

第十，完善基础设施，共建交通、通信、能源等重大项目，完善产业支持体系。

总之，西部陆海新通道战略性新兴产业布局要坚持协同发展的理念，形成完整产业链，促进区域一体化发展。

（三）珠江—西江经济带战略性新兴产业布局

珠江—西江经济带是广西区域内最重要的经济区域之一，因此在建设广西引领性区域创新高地时，重视珠江—西江经济带的战略性新兴产业布局非常关键。第一，珠江—西江经济带地理位置优越，连接了广西和广东两个重要的经济区域，是重要的物流和人流通道，有效利用这个地理优势，可以为创新高地的建设提供丰富的资源和市场。第二，珠江—西江经济带具有丰富的产业基础，包括制造业、服务业、高科技产业等，这些产业的发展为创新高地的建设提供了良好的基础。第三，珠江—西江经济带拥有多所高等教育机构和研究机构，具有丰富的科研和教育资源，这些资源可以为创新高地提供人才和技术支持。第四，国家和地方政府都对珠江—西江经济带的发展给予了大力的政策支持，利用这些政策优势，可以推动创新高地的建设。第五，珠江—西江经济带的发展可以促进广西与广东以及其他地区的经济合作，推动区域经济的整体发展。总的来说，珠江—西江经济带的战略性新兴产业布局，可以有效利用其地理、产业、资源和政策优势，为广西引领性区域创新高地的建设提供强大的支持①。

珠江—西江经济带战略性新兴产业布局可以从以下几个方面进行创新建设：第一，加快发展战略性新兴产业，重点发展新一代信息技术、高端装备制造、新材料、生物技术、新能源、节能环保等产业。第二，积极培育和壮大战略性新兴服务业，重点发展现代物流、金融服务、商贸物流、文化创意、健康医疗等服务业。第三，强化区域功能协作。珠三角地区发挥先进制造业基地作用，西江地区发挥资源型产业基地作用，两地在新兴产业领域进行合作。第四，完善产业布局网络，依托主要城市和城市群形成产业集聚区，建设一批战略性新兴产业基地。第五，加大科技创新与产业相结合，依托高校和科研院所，建设一批高新技术产业园区和众创空间。第六，加强产业转移与升级，引导东部地区的资金、技术、管理经验向西部地区转移，推动传统产业优化升级。第七，加强区域合作与交流。建立产业合作机制，共享科技创新资源，实现优势互补，提高整体竞争力。

三、广西全域创新格局的整体优化

（一）创新轴线的形成与提升

广西全域创新格局的整体优化需要创新轴线的形成与提升。第一，需要形成"沿海—沿边"创新轴线，充分利用广西沿海和沿边地区的区位优势，构建面向东盟的创新合作轴线，推动与东盟国家的科技交流合作。

---

① 关于发展我国七大战略性新兴产业的思考 ［EB/OL］. http：//www.360doc.com/content/17/0918/03/31004655_687998935. shtml.

第二，建设城市圈创新轴线，依托桂中城市圈、桂东南城市圈等城市群，打造城市间科技创新合作轴线，实现创新资源的有效配置和共享。第三，强化干线经济带创新轴线，以桂海高铁等为支撑，打造沿线创新轴线，促进创新要素向两翼辐射扩散。第四，建设高校科创轴线，依托广西主要高校，打造"高校—科研院所—企业"之间的创新链条，提升原始创新能力，加强创新资源整合，避免创新要素重复建设和浪费，提升创新轴线辐射带动作用，加大培育创新人才队伍的力度，为创新轴线提供智力支持。

（二）创新区域的组合与协调

广西全域创新格局的整体优化，需要合理组合不同创新区域，并加强协调，整体推进发展。第一，要明确各创新区域的定位和功能，将南宁定位为区域创新中心，北海作为沿海创新高地，根据各区域资源禀赋和基础，合理定位。第二，加强创新资源的集聚和整合，在各创新区域内，整合高校、科研院所、人才等创新资源，形成资源聚集的效应。第三，构建产学研用协同创新体系，打通从创新资源产出到成果转化的创新链条，实现产学研用有机衔接。第四，强化创新区域之间的联动，加强各创新区域在技术、人才、信息等方面的交流合作，实现优势互补。第五，建立区域协同创新机制，设立跨区域创新项目合作机制，共享创新资源，实现创新成果扩散应用。第六，构建开放式的区域创新网络，加强与国内外创新网络的对接，实现创新链条对外开放。第七，建立统一的区域创新政策体系，形成支持创新的政策环境和制度体系。第八，加强顶层设计和统筹协调。提高政府在创新区域规划和布局上的前瞻性和协调性。

（三）开放式区域创新

广西全域创新格局的整体优化需要开放式区域创新，主要可以从以下几个方面着手：第一，加强国际科技合作交流，积极参与"一带一路"建设，依托沿边沿海区位优势，拓展与东盟等国际合作伙伴的创新交流。第二，引进国外高端创新资源，引进国外高水平科研机构、人才等创新资源，优化区域创新环境。第三，构建面向国际的技术转移平台，建设技术转移中心、科技业务化基地，促进创新成果国际化应用。第四，鼓励企业

"走出去"，支持企业开展国际化创新活动，如建设海外研发中心等，实现创新链的对外延伸。第五，打造开放的区域创新生态，完善法规和服务体系，为各类创新主体的交流合作提供便利。第六，推动创新要素市场化配置，打破创新要素流动壁垒，形成开放的人才、技术、资本等要素市场。第七，加强与港澳台创新合作，依托区位优势，深化与港澳台的科技交流，实现优势互补。第八，建设开放的数字创新平台，依托大数据、云计算等，打造开放的网络创新平台和公共服务平台。第九，创新区域治理模式。探索多元主体参与、平台化的区域创新治理新模式。

第四节 关键路径三："G72-G75 创新走廊"的构建

一、广西"G72-G75 创新走廊"的基本设想

（一）"G72-G75 创新走廊"的发展历史

广西区内 G72 泉南高速和 G75 兰海高速建成后，极大地提升了广西区内的交通联通水平，推动区域经济发展。目前，两条高速公路日运量均在 2 万辆以上，为广西经济发展做出了重要贡献。

《广西壮族自治区国民经济和社会发展第十四个五年规划和 2035 年远景目标纲要》（桂政发〔2021〕11 号）提出完善区域创新体系，优化区域创新空间布局，以建设中国—东盟科技城为引领，创建南柳桂北自主创新示范区，明确提出要整合南宁市、柳州市、桂林市、北海市的 4 个国家级高新区和自治区级自主创新示范区，创建从广西北部桂林市经柳州市、南宁市到达广西北部湾沿海北海市的城市群型国家级自主创新示范区，打造以提升自主创新能力为核心的"走廊"带状创新发展示范区。《广西新型城镇化规划（2021—2035 年）》（桂政发〔2021〕38 号）提出依托西

部陆海新通道，做强南北通道城镇带，推动南宁市、柳州市、桂林市、北海市率先共建区域产学研用协同创新体系。而《广西科技创新"十四五"规划》（桂政发〔2021〕39号）提出优化科技强桂空间布局，全力打造南宁引领全区创新发展的核心增长极，以柳州市、桂林市、北海市为支撑建设产业科技创新中心，培育发展具有创新带动力的新引擎，构建跨区域协同创新共同体。可见，广西党委和政府及具体部门面向"十四五"期间和2035年的相关规划、方案，对广西建设以南宁市为核心，柳州市、桂林市、北海市为支撑的科创走廊已有相关的设计和谋划。

（二）"G72-G75创新走廊"的发展基础

广西区内G72泉南高速和G75兰海高速发展基础良好，深受广大群众欢迎，对广西区域创新也有着重要的意义。

第一，地理位置优势，两条高速公路贯穿广西中部，位于广西最重要的经济中轴线，地理位置重要。

第二，区域经济基础，沿线地区工农业发展，经济总量大，为创新走廊建设提供支持。

第三，交通需求拉动，经济交流需求日益增长，迫切需要高速交通通道支持。

第四，区域合作布局，G72-G75高速走廊，强化了广西和长江经济带的湖南省以及国家级北部湾城市群之间的区域合作。

广西G72泉南高速和G75兰海高速成为广西"G72-G75创新走廊"构建的重要依托点，是广西引领性区域创新高地培育的关键路径。

（三）"G72-G75创新走廊"的基本架构

"G72-G75创新走廊"的基本架构应该是以桂林柳州南宁北海高速公路为轴线，主要覆盖广西G72泉南高速全州至桂林段和G75兰海高速南宁至武鸣段所包含的区域范围，依托桂林、南宁、柳州、北海国家级高新技术产业开发区，建设高新技术产业带，从而拓展建设创新走廊。"G72-G75创新走廊"的基本架构包括以下几个方面：

第一，交通网络构建，主要以两条高速公路为骨架，辅以联络线和支线，构建便捷高效的交通网络。

第二，创新产业带，沿线布局生物医药、新材料等战略性产业园区，形成创新产业带。

第三，科教资源集群，汇聚高校、科研机构等科教资源，形成科教创新集群。

第四，融资服务体系，建立融资担保体系和科技金融服务平台，支持创新项目。

第五，智慧交通体系，构建智慧高速、智慧城市等交通体系，提升交通效率。

第六，人才培养机制，搭建人才培养和流动机制，吸引高端创新人才。

第七，产学研合作机制，健全产学研深度合作机制，推动科技成果转化。

第八，国际合作平台，建立与东盟等国家的科技交流合作平台。未来，广西"G72-G75创新走廊"的建设将会为广西引领性区域创新高地的构建与发展贡献重要力量。

二、广西"G72-G75创新走廊"的总体设计

（一）"G72-G75创新走廊"的空间结构

基于广西主要城市及省域内城市群间的 G72 高速（至北海为 G75）及湘桂高铁（至北海为北部湾高铁）形成的广西经济和创新发展中轴线，这是广西建设科创走廊的基本路径。

第一，南宁市处于"G72-G75科创走廊"的核心地位，目标是建设面向东盟的区域性创新中心。

第二，桂林市和柳州市是次级创新中心，桂林市建设区域性研发类创新中心，柳州市建设区域性制造类创新中心。

第三，长期来看，"G72-G75科创走廊"增加来宾市、钦州市、防城港市，与北海市一起形成数个创新节点，最终形成"一核两中心四节点"

的空间结构。

（二）"G72-G75 创新走廊"构建的基本机制

广西"G72-G75 创新走廊"的总体设计可以从以下十方面进行构建：

第一，创新走廊空间布局，主要以 G72 和 G75 高速为轴线，辐射周边重要城市和产业园区。

第二，创新功能区分布，要布局不同功能的创新产业带，如生物医药园区、新材料园区等。

第三，完善交通网络，构建高速公路、铁路、水运一体化的交通网络体系。

第四，完善产学研体系，打造以高校和科研机构为主的产学研合作机制。

第五，健全人才培养机制，建立面向创新型人才的培养机制。

第六，强化科技支撑，建设科技金融和技术交易服务平台。

第七，加强国际合作，促进与东盟国家开展科技项目合作。

第八，做好政策保障，出台相关政策措施支持走廊建设。

第九，加大资金投入，对基础设施和科技项目建设投入增大，做好经费支持。

第十，健全运行管理机制，建立健全专业的运行管理机构，为广西"G72-G75 创新走廊"保驾护航。

（三）"G72-G75 创新走廊"的创新引领

近年来，广西全面实施创新驱动发展战略，创新发展取得了明显成效，根据《中国区域科技创新评价报告 2022》，广西综合科技创新水平指数为 54.82%，连续两年位于全国第二梯队；与 2012 年相比，广西综合科技创新水平指数提高了 18.38 分，提升幅度高于全国的 15.14 分，排名提高了 4 个名次；但与全国综合科技创新水平指数的 75.42 分仍有超过 10 分的差距，全国排名仅为第 24 名，广西仍然是我国科技力量布局不平衡、科技事业发展不充分的省份之一。根据历年《中国区域创新能力评价报告》，2002 年以来的区域创新能力，广西在全国第 18 ～ 25 名之间徘徊，

2015 年排名第 18 为最高排名，此后连续下滑至 2021 年的第 24 名，2022 年又上升 2 位至第 22 名。从城市创新来看，根据《中国城市科技创新发展报告 2022》，在 36 个省会与副省级以上城市中，南宁市排在第 34 名（仅高于银川市和西宁市）；在全国列入比较的 288 个地级以上城市中，除南宁市科技创新发展指数略高于全国平均水平（第 75 名）外，广西其他城市均没有进入前 100 名，排名靠前的有柳州市（第 103 名）、北海市（第 127 名）、防城港市（第 163 名）、桂林市（第 173 名）等在前 200 名内。在全国列入比较的 97 个国家创新城市中，南宁市、柳州市的城市创新能力排名靠后，分别排在第 57 名、第 86 名，两个城市均属原始创新力和技术创新力较弱的"创新应用区"。从创新型城市化分级来看，广西除了南宁市和柳州市、桂林市等处于"较低水平"外，其他 11 个地级市处于"低水平"，且全区创新型城市指数处于"较低增长"的阶段（刘承良等，2021）。同时，广西科技创新资源和高质量产业主要集中在南宁、柳州、桂林、北海四个拥有国家级高新区的城市，四市积累了相对丰富的创新资源和较为雄厚的产业基础，全社会 R&D 经费、专利授权量、国家级创新平台、高水平人才、高校在校学生数、高新技术企业数、工业增加值等主要科教资源和产业活动指标占广西的比重均超过 65%（部分指标甚至达到 90% 以上）（王兴中等，2020）。

广西区内沿 G72 泉南高速和 G75 兰海高速与历史上广西经济密度最高的铁路湘桂线在桂林至南宁之间基本吻合，广西长期以来的经济社会发展，事实上基本形成了沿湘桂线从桂北山区的桂林市到沿海的北部湾经济区的经济社会发展中轴线。该轴线涵盖南宁市、北海市、桂林市、柳州市、钦州市、防城港市 6 个地级市及其 18 个县市（包括现崇左市、来宾市部分区域），该区域人口和经济等要素相对密集，在全区 24.5% 的土地上集聚了超过全区 30% 的总人口，其中非农业人口和 GDP 均超过全区的 50%，明显具有更高的经济社会发展水平。广西基于 G72 高速（至北海为 G75）及湘桂高铁（至北海为北部湾高铁）沿线城市形成的广西经济和创新发展中轴线，具有形成"科创走廊"的基本条件。但是研究发现，广西的区域创新资源配置无效率（含生产技术差距无效率 TGRI 和管理无效 GMI）表现为 TGRI 和 GMI 的比例基本相当，属于同时需要改善区域创新环境并提高区域创新资源配置能力的省域。以 "G72－G75 创新走廊" 为创新引领，有利于广西形成合理的全域创新。

第六章 广西引领性区域创新高地培育发展的主要对策

在全球化与信息化快速发展的背景下，创新网络作为连接创新资源、促进知识流动和技术转移的重要平台，对提升区域创新能力具有至关重要的作用。广西作为中国西南地区的重要省份，拥有丰富的自然资源和人文资源，具备发展成为引领性区域创新高地的潜力。广西引领性区域创新高地培育发展的主要对策是基于创新生态系统构建和政策环境系统完善，对广西引领性区域创新高地培育发展和推进全域创新的有效对策，重点是基于构建"G72-G75创新走廊"，全力打造南宁引领全区创新发展的核心增长极，建设面向东盟科技创新合作区，加快构建支撑"大湾区—北部湾经济区—东盟"跨区域跨境产业链供应链的创新网络①。坚持创新支撑产业高质量发展不动摇，坚持"前端聚焦、中间协同、后端转化"不动摇，围绕产业链部署创新链，引导创新链跟进产业链，双链融合形成产业创新带②。持续优化创新生态系统，破除创新体制机制藩篱，引育"高精尖缺"创新人才，鼓励企业引导形成开放式"创新社区"，形成高效、协同的创新体系。

---

① 凝心聚力谋发展勇毅前行启新程 [N]. 广西日报，2021-11-26.
② 科教振兴固根基——我区全力以赴稳经济促发展系列报道之二 [N]. 广西日报，2022-12-27.

第一节　广西引领性区域创新高地培育的创新网络完善

一、南宁引领全区创新发展的核心增长极打造

南宁作为广西的首府城市和中心城市，具有独特的区位优势和资源禀赋，拥有丰富的创新资源，是广西科技创新的重要引擎。首先，充分发挥南宁区域创新中心的地位，通过政策引导和市场机制，优化创新资源的配置，加大科技创新投入，提高科技创新能力，推动产业结构优化升级，促进科技成果转化，推进创新发展，确保创新资源能够高效、公平地流向具有创新潜力的领域和项目，加强与国内外创新资源的合作与交流，形成开放合作的创新网络。其次，加强南宁创新创业环境建设，完善创新政策体系，建立健全的创新服务体系，包括孵化器、加速器、科技金融等，为创新企业提供全方位的支持和服务，提高科技创新投入，加强知识产权保护等，激发创新活力，促进创新走廊的建设，营造良好的创新环境。同时，推动区域协同发展，加强与周边城市的协同发展，形成优势互补、资源共享的区域创新体系，共同推动科技创新和产业升级，提升区域整体创新能力。最后，强化科技创新平台建设，南宁应加大力度建设高水平的科研机构、创新平台和实验室等国际化创新合作平台，吸引国内外顶尖科学家和团队入驻，形成科技创新的集聚效应，同时，推动创新平台与产业、企业的深度融合，加强与国际创新资源的交流与合作，推动国际创新成果在南宁的落地与转化，提升南宁创新发展的国际影响力，完善广西引领性区域创新高地培育的创新网络；通过加强南宁在科技创新、产业集聚、人才引进等方面的引领作用，可以形成辐射全区的创新核心增长极，带动周边地区的创新发展。

二、建设面向东盟科技创新合作区

广西与东盟国家地缘相近、人文相通，具有开展科技创新合作的独特优势。利用广西与东盟国家的地缘优势，建设面向东盟的科技创新合作区，可以加强双方的科技创新领域的交流与合作，共同推动技术创新和产业升级。为了建设面向东盟的科技创新合作区，需要从以下几个方面着手：首先，深化科技合作机制，拓展合作领域。通过加强与东盟国家在科技创新领域的交流与合作，建立稳定的合作机制，共同推动科技创新项目的实施和科技成果的转化。同时，加强人员往来和技术交流，提升合作水平，在现有合作基础上，加强与东盟各国的科技合作与协同创新，增强科技创新资金投入，建立科技创新基金，推动创新资源在区域内的优化配置，提高区域创新整体水平，促进自身科技创新能力，不断拓展合作领域，涵盖新能源、新材料、生物医药、智能制造等新兴领域，形成全方位、多层次的科技创新合作格局。其次，完善科技创新政策体系，共建创新平台。通过制定科技创新发展战略，完善科技创新法律法规、建立科技创新评估体系等，促进产业对接，根据广西及东盟各国的产业特点和优势，与东盟国家共同建设科技创新平台，如联合实验室、技术转移中心等，促进双方科技创新资源的共享和优势互补。通过共建平台，推动双方在科技研发、成果转化等方面的深度合作，推动产业链协同创新，形成科技创新与产业发展的良性互动，提升区域产业竞争力。最后，加强人才培养与交流，推动产业合作。通过加强广西与东盟国家在人才培养与交流方面的合作，借鉴国际先进经验，搭建特色创新平台和国际化人才交流平台，通过举办科技交流活动、建立科技合作平台等方式促进交流合作，共同培养具有国际视野和创新能力的科技人才，以高新区、创新创业示范区等科技创新合作区促进广西与东盟各国人才互动，推进区域创新发展，加强双方在科技创新领域的交流与合作，共同推动技术创新和产业升级，通过人才培养与交流，为科技创新合作提供人才支撑和智力保障。

三、"大湾区—北部湾经济区—东盟"创新合作

"大湾区—北部湾经济区—东盟"跨区域跨境创新合作，主要是粤港澳大湾区、广西北部湾经济区与东盟国家开展的创新合作，构建"大湾区—北部湾经济区—东盟"创新合作体系，是广西融入国家发展战略、提升区域创新能力的重要举措。为了推动这一合作体系的建立和发展，需要从以下几个方面进行努力：首先，加强区域协同创新，优化合作环境。充分发挥广西地理位置优势，加强与大湾区和北部湾经济区的科技合作，形成科技创新协同发展的新格局；充分发挥大湾区、北部湾经济区和东盟地区在科技创新方面的优势，具有广泛的合作空间，通过加强区域协同创新，形成优势互补、资源共享的创新体系，共同推动科技创新和产业升级，通过优化合作环境，吸引更多创新资源和创新主体参与合作，推动区域创新合作向更高层次、更广领域发展。其次，积极构建多元化的科技创新平台，推动创新资源流动。促进政策、企业、高校、科研机构等多方参与，共同推进科技创新资源的共享与整合。搭建创新合作平台，如创新论坛、技术转移中心、产业合作园区等，为各方提供交流合作的机会和平台，创新合作平台，推动各方在科技创新、成果转化、人才培养等方面的深度合作；建立创新资源流动机制，促进大湾区、北部湾经济区和东盟地区之间的创新资源高效流动和合理配置。通过创新资源流动，提升区域整体创新能力，推动经济高质量发展。最后，搭建创新合作平台，加强产业合作与转移。结合大湾区、北部湾经济区和东盟地区的产业特点和优势，推动产业合作与转移，通过产业合作与转移，实现产业优势互补和协同发展，提升区域产业竞争力。搭建创新合作平台，如创新论坛、技术转移中心、产业合作园区等，推动各方在科技创新、成果转化、人才培养等方面的深度合作，为各方提供交流合作的机会和平台。重视人才培养与交流，建立人才合作机制，通过开展人才培养项目、创新创业大赛等形式吸引高水平科技创新人才，促进广西科技创新人才力量。此外，构建"大湾区—北部湾经济区—东盟"创新合作体系，促进三地之间的创新资源共

享和优势互补，加强科技创新政策协同，形成跨区域的创新合作网络，推动政策资源共享，在大湾区与北部湾经济区进行政策对接，形成政策合力，拓展科技跨区域跨境合作，提升整体创新能力。

第二节　广西引领性区域创新高地培育的产业创新带构建

一、创新支撑产业高质量发展

创新是引领产业高质量发展的核心动力，产业创新带是连接创新资源与产业发展的重要纽带，构建产业创新带推动广西引领性区域创新高地的培育，对促进产业升级和经济发展具有重要意义。首先，优化产业结构，推动产业转型升级。结合广西产业特点和优势，推动传统产业转型升级和新兴产业快速发展，通过技术改造、产业升级等方式，提升产业附加值和竞争力，加强产业规划布局，优化产业结构，形成具有竞争力的产业集群，通过产业集群的发展，提升区域整体经济实力和创新能力，通过加强科技创新对产业的支撑作用，突出科技创新支撑产业高质量发展，推动传统产业转型升级和新兴产业快速发展，注重发展战略性新兴产业，培育未来产业，为广西产业升级注入新动力，实现产业的高质量发展。其次，加强科技研发，优化科技创新资源配置。通过鼓励和支持企业加大研发投入，开展关键核心技术攻关，提升自主创新能力；加强与高校、科研机构的合作，形成产学研用协同创新的良好生态，提高科技创新对经济增长的贡献率，通过优化科技创新资源配置，完善科技创新政策体系，提升科技创新服务水平，推动科技成果转化，壮大科技服务市场，为产业高质量发展提供有力支撑；加强产业技术创新，推动产业转型升级，通过建立产业技术创新联盟，推动企业、高校、科研机构等多元创新主体之间的协同创新，加大研发投入，提高产业技术创新能力。最后，加强品牌建设，推动绿色发展。鼓励企业加强品牌建设，提升品牌知名度和美誉度，通过品牌建设，提升产品附加值和市场竞争力，加强环保技术创新和应用，推动产业绿色发展。通过绿色发展，实现经济效益和社会效益的双赢，构建完善的创新生态系统，加大科技创新投入，提高科技创新投融资水平，推进产学研用深度融合。

二、创新链产业链双链融合

创新链与产业链的深度融合是提升区域创新能力的重要途径，创新链和产业链的深度融合，可以加速科技成果的转化和应用，提升产业链的附加值和竞争力。为了推动创新链产业链双链融合，需要从以下几个方面进行努力：

首先，加强创新链建设，推动产业链升级。结合创新链的发展，推动产业链升级。通过技术创新和产业升级，提升产业链附加值和竞争力，完善创新链各环节，包括研发、成果转化、产业化等，形成完整的创新链条。通过创新链的建设，提升区域创新能力。加强创新链与产业链之间的协同规划和合作，统筹规划明确产业发展方向与创新目标，形成优势互补、资源共享的发展格局。通过协同发展，推动创新链产业链双链融合，促进双链在战略层面的有机结合，整合各类创新资源，搭建创新资源共享平台，推动创新链各环节和产业链各阶段的紧密合作与资源共享。

其次，加强平台建设。通过加强协同规划、构建资源共享平台、强化企业创新主体地位，着力推动创新链和产业链的双链融合，建设创新平台和产业化平台，为创新链产业链双链融合提供有力支撑，通过平台建设，推动创新资源和产业资源的有效对接和高效利用，强化企业创新主体地位，加强对企业创新的支持，提升企业创新能力和创新意愿，引导企业参与创新链的建设，促进企业与创新链各环节的紧密合作，加快科技成果在产业链中的推广应用。

最后，优化政策环境，优化人才培养体系。制定和完善相关政策，为创新链产业链双链融合提供有力保障，通过政策引导和支持，推动创新链产业链双链融合向更高层次、更广领域发展，加强创新链和产业链各环节的人才交流与合作，将人才贯穿到创新链产业链双链融合的每一个阶段，为双链融合提供充足的人才支持。

三、完善产业创新服务体系

产业创新服务体系是支撑产业创新发展的重要保障，构建完善产业创新服务体系，促进广西区域性创新高地的全面建设。为了完善广西产业创新服务体系，需要从以下几个方面进行努力：首先，完善科技金融服务，加强人才引进和培养。从基础科研、应用研究和产业技术研发等领域，增强广西企业的创新驱动力，鼓励企业进行研发活动，推动产业创新；加强科技金融服务体系建设，为创新企业提供多样化的融资渠道和金融服务。通过科技金融的支持，推动创新企业快速发展；加强人才引进和培养工作，吸引更多高层次人才和创新团队入驻广西。通过人才引进和培养，为产业创新提供人才支撑和智力保障。其次，加强孵化器建设，建立多元化、多层次的产业创新服务平台，加强知识产权保护。加强知识产权保护工作，建立健全的知识产权保护体系，为创新型企业提供从技术研发、中试到产业化的全方位支持，为初创企业提供全方位的服务，通过创新创业孵化器建设来推进创新高地内企业的发展，通过知识产权保护，激发创新主体的创新积极性，推动产业创新发展，建设一批高水平的孵化器，为初创企业提供全方位的支持和服务，通过孵化器的发展，培育更多具有创新潜力的企业。最后，建立健全产业创新服务体系，推动产学研用协同发展。加强产学研用协同发展机制建设，推动高校、科研机构与企业之间的深度合作，通过产学研用协同发展，形成协同创新、资源共享的良好生态。可以为创新企业提供全方位的支持和服务，在政策支持、产学研合作、人才培养、创新创业孵化器、加速器、科技金融和国际合作等方面努力，促进创新企业的成长和发展，提升综合竞争力。

第三节　广西引领性区域创新高地培育的创新生态系统优化

一、优化创新体制机制

创新生态系统是创新活动发生的"土壤"和环境，对提升区域创新能力具有重要影响，创新体制机制是支撑创新活动的重要保障。为了优化广西创新体制机制，需要从以下几个方面进行努力：首先，加强顶层设计，推动改革深化。通过改革和创新体制机制，打破制约创新的障碍和壁垒，制定和完善创新体制机制的政策体系，明确创新发展的目标和方向，激发创新主体的积极性和创造力，打造并优化富有活力、创新性强的创新生态系统，为创新体制机制的优化提供有力保障，深化科技体制改革和人才体制改革，打破制约创新的障碍和壁垒，通过改革深化，激发创新主体的创新活力，推动创新体制机制不断完善。其次，加强政策引导，实施税收优惠政策。制定和完善相关政策，引导创新资源向重点领域和关键环节倾斜，通过政策引导，推动创新体制机制与产业发展深度融合，设立专项科研经费，支持企业在研发、技术改造等方面的投入，提高企业创新能力，营造良好的创新氛围和环境，为创新创业者提供政策咨询、技术支持、市场推广等全方位的服务，帮助解决在创新发展过程中的问题，降低创新创业门槛。最后，加强协同合作，优化创新体制机制。加强政府、企业、高校、科研机构之间的协同合作，形成合力推动创新体制机制优化的良好局面。通过协同合作，推动创新体制机制不断完善和升级，加强创新创业培训，提高创新创业者的素质与能力，建立健全的创新体制机制评估与监督机制，对创新体制机制的实施效果进行定期评估和反馈。通过评估与监督，及时发现和解决创新体制机制存在的问题和不足，推动创新体制机制不断优化和完善。

二、引育"高精尖缺"创新人才

在当今全球科技竞争日益激烈的环境下，引育"高精尖缺"创新人才已成为推动地方乃至国家创新发展的核心动力，加强创新人才的引进和培育，引育"高精尖缺"创新人才对引领性区域创新高地培育发展极为重要。首先，要精准定位，明确需求。广西需精准定位自身在产业链和创新链中的位置，明确"高精尖缺"人才的具体需求，这包括但不限于高端科研人才、产业领军人才、高技能人才以及具有国际视野的复合型人才，要通过调研和评估，形成详细的人才需求清单，为后续的人才引进和培养工作提供指导。其次，要创新机制，优化环境。广西应创新人才引进机制，实施积极的人才引进政策，通过优惠政策、人才引进计划等集聚国内外优秀人才，如实施"柔性引才"政策，允许人才以项目合作、技术咨询、兼职等方式参与地方创新发展；同时，优化人才发展环境，提供有竞争力的薪酬福利、科研启动资金、住房保障等，确保人才引得进、留得住，为广西创新高地提供源源不断的人力资源。最后，要校企合作，产教融合。广西要加强校企合作，推动产教融合，通过与企业、高校、科研院所等合作，共建实训基地、联合培养项目，为人才提供实践锻炼和创新创业的机会；同时，注重培养具有创新精神和创造能力的复合型人才，通过优化高等教育结构，提升人才培养质量鼓励和支持企业加大研发投入，培养更多具有实践经验和创新能力的高技能人才。此外，要强化激励，激发活力。广西要完善人才激励机制，对在科技创新、产业发展等方面做出突出贡献的人才给予表彰和奖励。同时，建立科学的评价体系，对人才的创新成果、工作绩效等进行客观评价，确保激励措施的公正性和有效性，关注"高精尖缺"创新人才的培养，鼓励企业与高校、科研院所合作，推动创新人才在实践中成长，为创新人才创造良好的氛围，激发创新活力，为区域创新提供强有力的人才支撑和智力保障。

三、发展开放式"创新社区"

开放式"创新社区"是推动创新资源集聚、促进创新主体协同、加速创新成果转化的重要平台，建设开放式的"创新社区"可以促进创新主体之间的交流和合作，形成协同创新、共享资源的良好生态，能够有效推进创新活动的持续开展和深入发展。首先，要规划布局，构建体系。广西要根据产业发展规划和科技创新战略，科学规划开放式"创新社区"的布局和规模，通过构建多层次、多类型的创新社区体系，满足不同类型创新主体的需求，加大对开放式"创新社区"的扶持力度，制定相关政策鼓励企业、高校和科研机构之间的合作与交流，促进创新要素的流动与整合，加速创新成果的转化与应用。其次，要搭建平台，促进协同。广西要加强基础设施建设，搭建协同创新平台，提升"创新社区"的技术支撑能力，重点建设高水平的研究设施、实验室和孵化器等，促进创新主体之间的深度合作和资源共享，通过设立联合实验室、研发中心、技术转移中心等机构，推动产学研用深度融合，加速科技成果的转化和应用，为创新提供良好的硬件保障。最后，要强化交流，促进合作。广西要加强创新社区之间的交流与合作，推动形成开放、包容的创新生态，通过举办创新论坛、技术交流会等活动，促进创新主体之间的信息共享和合作机会的发展。同时，积极对接国内外创新资源，推动形成优势互补、资源共享的国际化创新合作网络，通过优化配置创新资源，提高创新效率和质量，推动形成协同创新的良好局面。此外，要完善服务，优化环境。广西要完善创新社区服务体系，为创新主体提供便捷、高效的服务，包括但不限于提供政策咨询、融资支持、知识产权保护、人才招聘等服务，优化创新环境，降低创新成本，推动创新文化建设，营造浓厚的创新氛围，优化创新人才产出，积极探索发展以创新为核心，企业、高校、研究机构等多方参与的开放式"创新社区"。

参考文献

［1］ Asheim B. Regional innovation systems: The integration of local sticky an global ubiquitous knowledge ［J］. Journal of Technology Transfer, 2002, 65 (27): 77-86.

［2］ Cooke P. Regional innovation systems: Competitive regulation in the new Europe ［J］. Geoforum, 1992, 23 (3): 365-382.

［3］ Delgado M, Porter M E, Stern S. Defining clusters of related industries ［J］. Journal of Economic Geography, 2015 (1): 1-38.

［4］ Fakhimi M, Miremadi I. The impact of technological and social capabilities on innovation performance: A technological catch - up perspective ［J］. Technology in Society, 2022, 68: 1-12.

［5］ Maasen P, Stensaker B. The knowledge triangle, European higher education policy logics and policy implications ［J］. Higher Education, 2011, 61 (6): 757-769.

［6］ Mønsted M. Francois Perroux's Theory of "Growth Pole" and "Development" Pole: ACritique ［J］. Antipode, 1974, 6 (02): 106-113.

［7］ N. Rosenberg. Frischtaak Technological Innovation and Long Waves, 1984 (1).

［8］ OECD. Boosting Innovaton: The Cluster Approach ［M］. Paris: OECD Proceedings, 1999.

［9］OECD. Innovative clusters：Driversof national innovationsystem ［R］. Paris：OECD Proceedings，2001.

［10］Porter M E. The competitive advantage of nations ［J］. Harvard Business Review，1990，68（2）：73-84.

［11］SCHMIDT K H. Innovation poles：Theoretical concepts and empirical data from Japan and Germany ［J］. Industry and Higher Education，1995，9（1）：25-30.

［12］Schumpeter. The Theory of Economic Development ［M］. Cambridge：Harvard University Press，1912.

［13］Todtling F，Kaufmann A. Innovation systems in regions of Europe-a comparative perspective ［J］. European，1999（2）：252-260.

［14］Weick K E. Educational Organizations as Loosely Coupled Systems ［J］. Administrative Science Quarterly，1976，21（1）：1-19.

［15］C. 德布瑞森. 培育创新组群：能动发展的源泉 ［J］. 王胜光译. World Development，1989，17（1）.

［16］昌盛. 广西战略性新兴产业高质量发展对策研究——基于产业链与创新链协同视角 ［J］. 市场论坛，2020（12）：28-31.

［17］陈劲. 建设面向未来的世界科技创新强国 ［J］. 人民论坛·学术前沿，2017（22）：34-41.

［18］陈秋星，陈少晖. 共同富裕耦合协调度：理论逻辑、水平测度与区域差异 ［J］. 统计与决策，2023，39（24）：41-46.

［19］陈小平. 广西区域创新要素集聚对科技服务型企业绩效影响研究 ［J］. 财会学习，2020（20）：141-143.

［20］陈雁，黄菊艳. 广西城市创新绩效评价研究——基于城市创新体系的视角 ［J］. 当代经济，2020（02）：92-97.

［21］代利娟，张毅. 武汉东湖国家自主创新示范区科技金融创新研究 ［J］. 科技管理研究，2013，33（06）：4-8.

［22］党文娟，张宗益，康继军. 创新环境对促进我国区域创新能力

的影响［J］. 中国软科学，2008（03）：52-57.

［23］丁焕峰. 区域创新理论的形成与发展［J］. 科技管理研究，2007（09）：18-21.

［24］段德忠，杜德斌，刘承良. 上海和北京城市创新空间结构的时空演化模式［J］. 地理学报，2015，70（12）：1911-1925.

［25］樊光义. 广西科技创新支持实体经济高质量发展成效分析［J］. 现代商贸工业，2022，43（13）：1-3.

［26］范旭，肖鸿波. 科技创新试点能否成为创新增长极？——来自15项试点政策的经验证据［J/OL］. 科学学研究：1-22［2024-03-13］.

［27］方远平，谢蔓. 创新要素的空间分布及其对区域创新产出的影响——基于中国省域的 ESDA-GWR 分析［J］. 经济地理，2012，32（09）：8-14.

［28］费雨凤. 重庆市旅游产业与区域经济耦合协调发展研究［D］. 四川师范大学，2022.

［29］冯志军，明倩，康鑫. 产业创新系统的协调发展研究——基于二象对偶理论与系统演化的视角［J］. 科技与经济，2014，27（01）：21-25.

［30］傅承哲，梁倩盈，卢泳莉. 乡村振兴中的大学生创业政策：供给内容、实现机制与行为效应——基于行为公共政策的视角［J］. 广西师范大学学报（哲学社会科学版），2021，57（05）：62-78.

［31］高歌. 广西打造国际区域经济合作新高地的思路［J］. 东南亚纵横，2010（02）：7-9.

［32］高华云. 高新技术开发区制度需求和供给分析——以武汉东湖自主创新示范区为例［J］. 科技进步与对策，2012，29（23）：108-113.

［33］高悦，张向前. 世界重要人才中心和创新高地发展模式研究［J］. 中国科技论坛，2023（12）：8-16.

［34］辜胜阻，马军伟. 推进国家自主创新示范区建设的政策安排［J］. 财政研究，2010（11）：2-6.

［35］郭吉涛，朱义欣．数字经济、区域创新效率与地区创业活力［J］．哈尔滨商业大学学报（社会科学版），2022（01）：98-111.

［36］郭戎，薛薇，张俊芳等．国家自主创新示范区科技创新政策评价研究［J］．中国科技论坛，2013（11）：11-15+54.

［37］郭御龙，张梦时．中国国家级新区的研究述评与趋势展望［J］．未来与发展，2021，45（07）：69-74.

［38］何冬妮，易达．跨越"中等技术陷阱"：区域科创高地的角色与作用［J］．中国科学院院刊，2023，38（11）：1685-1697.

［39］何舜辉，杜德斌，焦美琪等．中国地级以上城市创新能力的时空格局演变及影响因素分析［J］．地理科学，2017，37（07）：1014-1022.

［40］胡斌，陈晓红，王小丁．创新型城市群创新能力评价研究——基于长株潭"两型社会"综合配套改革试验区的实证分析［J］．经济问题探索，2009（05）：153-161.

［41］黄晶秋．科技创新推动广西强首府战略实施的政策研究［J］．企业科技与发展，2022（01）：21-23.

［42］霍丽娟．区域创新理论视角下职业教育创新发展高地建设研究［J］．高等工程教育研究，2021（05）：147-153.

［43］姜天睿．知识产权保护与区域创新能力耦合协调发展研究［D］．南京邮电大学，2020.

［44］蒋福佑，袁鹰．国有科技型企业创新激励机制优化研究［J］．决策咨询，2022（03）：81-86.

［45］解佳龙，胡树华，王利军．高新区发展阶段划分及演化路径研究［J］．经济体制改革，2016（03）：107-113.

［46］兰海霞，赵雪雁．中国区域创新效率的时空演变及创新环境影响因素［J］．经济地理，2020，40（02）：97-107.

［47］黎晓春，常敏．数字经济时代创新型城市发展的动力变革和路径优化研究［J］．治理研究，2020，36（01）：93-99.

［48］李海波，舒小林．西部地区高新技术产业发展的影响因素及路

径——基于引力模型的实证分析［J］.贵州社会科学，2018（02）：126-132.

［49］李军林，许艺煊，韦天宇.创新政策对城市科技创新建设的影响及其异质性分析［J］.改革，2021（02）：128-145.

［50］李强，余吉安.世界主要科学中心和创新高地比较与借鉴研究［J］.科学管理研究，2016，34（06）：113-116.

［51］李群.打造具有核心竞争力的"十四五"科技创新高地［J］.人民论坛，2020（31）：32-35.

［52］李燕萍，郑安琪，沈晨等.国家自主创新示范区人才政策评价——以中关村与东湖高新区为例（2009-2013）［J］.武汉大学学报（哲学社会科学版），2016，69（02）：85-89.

［53］李政，杨思莹.创新型城市试点提升城市创新水平了吗？［J］.经济学动态，2019（08）：70-85.

［54］梁湖清，朱传耿，马荣华.知识经济影响下城市创新问题的若干理论思考［J］.经济地理，2002（03）：281-284.

［55］林昆勇.创新区域开放模式培育区域开放高地促进区域跨越发展［J］.城市，2013（02）：16-20.

［56］刘秉镰，边杨，周密等.中国区域经济发展70年回顾及未来展望［J］.中国工业经济，2019（09）：24-41.

［57］刘承良，李春乙，刘向杰.中国创新型城市化的空间演化及影响因素［J］.华中师范大学学报（自然科学版），2021，55（05）：706-716+740.

［58］刘剑，陶应虎.城市群创新一体化发展难点与对策建议——以苏南国家自主创新示范区为例［J］.经济纵横，2017（04）：91-95.

［59］刘晔，曾经元，王若宇等.科研人才集聚对中国区域创新产出的影响［J］.经济地理，2019，39（07）：139-147.

［60］刘姿媚，谢科范.创新驱动的系统动力学模拟——以武汉东湖国家自主创新示范区为例［J］.科技进步与对策，2016，33（14）：

47-54.

[61] 陆铭．向心城市：迈向未来的活力、宜居与和谐［M］．上海：上海人民出版社，2022.

[62] 吕静韦，董微微．创新要素、创新环境与经济增长［J］．统计与决策，2021，37（09）：92-96.

[63] 吕拉昌，李勇．基于城市创新职能的中国创新城市空间体系［J］．地理学报，2010，65（02）：177-190.

[64] 吕拉昌，赵彩云．中国城市创新地理研究述评与展望［J］．经济地理，2021，41（03）：16-27.

[65] 马浚锋，杨梓茗．城市群高校空间集聚是否加快了人才中心、创新高地建设？［J］．高校教育管理，2024，18（02）：13-26.

[66] 毛明芳．打造具有核心竞争力的科技创新高地——基于区域创新能力建设的视角［J］．湖南社会科学，2021（01）：21-28.

[67] 彭川宇，何劲松，杨佳雯等．人才创新高地建设赋能城市经济高质量发展的机制研究——基于269个城市的经验数据［J］．科技管理研究，2023，43（17）：40-48.

[68] 任俊宇．创新城区的机制、模式与空间组织研究［D］．清华大学，2018.

[69] 尚海龙，蒋焕洲．西南区省会城市生态经济系统耦合协调研究［J］．商业经济研究，2017（01）：202-204.

[70] 司增绰，曹露玉．双循环背景下区域中心城市产业发展策略研究——以徐州市为例［J］．江苏海洋大学学报（人文社会科学版），2023，21（01）：98-105.

[71] 隋映辉．城市创新圈：战略构建及其思路［J］．高科技与产业化，2004（10）：18-22.

[72] 孙锐，赵全军．中关村：打造国家人才政策创新高地［J］．中国人才，2015（21）：58-59.

[73] 孙文浩．"人才高地"、"创新高地"与城市房价［J］．管理现

代化，2021，41（01）：63-66.

[74] 覃玲，尚毛毛，李美莲．广西全方位构建湾桂协同创新政策支持体系研究［J］．市场论坛，2021（11）：16-20.

[75] 谭建新，廖鸣霞．广西创新成效驱动因素的贡献率研究——基于 LMDI 模型的经验分析［J］．广西财经学院学报，2020，33（05）：83-96.

[76] 汤临佳，李翱，池仁勇．创新走廊：空间集聚下协同创新的新范式［J］．自然辩证法研究，2017，33（01）：31-37.

[77] 陶雪飞．城市科技创新综合能力评价指标体系及实证研究［J］．经济地理，2013，33（10）：16-19.

[78] 田文富．打造科技创新高地的制度供给研究［J］．学习论坛，2017，33（09）：40-44.

[79] 王宝荣．广西"人才小高地"：人才集聚与自主创新互动机制［J］．经济管理，2007（09）：63-66.

[80] 王搏．基于耦合模型的我国区域经济与生态环境协调发展动态研究［D］．湖南大学，2014.

[81] 王德禄．以新经济视角看科技创新中心［J］．中国战略性新兴产业，2014（12）：33.

[82] 王刚．基于超效率 DEA 模型和 Malmquist 生产率指数的湖北省科技投入产出效率分析及对策研究［J］．科技进步与对策，2015，32（16）：110-114.

[83] 王缉慈，朱凯．国外产业园区相关理论及其对中国的启示［J］．国际城市规划，2018，33（02）：1-7.

[84] 王鹏，张剑波．研发的内外溢出效应与区域创新增长——基于2001~2012 年我国省际面板数据的实证分析［J］．软科学，2015，29（04）：25-28.

[85] 王锐淇，张宗益．区域创新能力影响因素的空间面板数据分析［J］．科研管理，2010，31（03）：17-26+60.

［86］王思懿．中国如何建设世界重要人才中心和创新高地［J］．重庆高教研究，2024，12（02）：14-24.

［87］王兴中，范盈超，李彩云．南柳桂北国家自主创新示范区创建：趋势、模式及框架［J］．桂海论丛，2020，36（06）：66-73.

［88］王亚丹．国家高新区与区域经济耦合协调发展研究［D］．西安工程大学，2017.

［89］王亚航，张向前．世界重要人才中心和创新高地评价指标体系构建［J］．科技管理研究，2023，43（02）：83-90.

［90］王子丹，潘子欣．粤港澳大湾区国际科技创新中心建设背景下广东推动新型研发机构高质量发展的对策研究［J］．决策咨询，2022（01）：28-32.

［91］魏先彪．基于创新链的国家创新型城市发展模式与评估研究［D］．中国科学技术大学，2017.

［92］巫德富，张协奎．科技创新驱动广西产业结构升级的路径取向［J］．改革与战略，2019，35（10）：76-83.

［93］吴凡，苏佳琳．广西高技术产业科技创新能力评价研究［J］．科技智囊，2021（03）：52-60.

［94］吴敬琏．制度高于技术——论发展我国高新技术产业［J］．决策咨询通讯，1999（04）：48-51.

［95］吴秋菊，李小燕，曹洪坤．广西高新区体制机制创新探析［J］．科技创业月刊，2021，34（08）：69-71.

［96］吴照红，李宁辉，马朝红等．湖北水稻化肥减施增效技术应用耦合协调分析［J］．农村经济与科技，2021，32（09）：1-5.

［97］武汉大学资本赋能大湾区创新发展研究课题组．让资本赋能大湾区全球创新高地建设［J］．南方经济，2019（06）：1-9.

［98］武汉市财政局课题组，张福来，周学云等．完善武汉政府债务管理机制研究［C］//中国财政学会．中国财政学会 2012 年年会暨第十九次全国财政理论讨论会论文集，2012：21.

[99] 武义青，柳天恩，窦丽琛．建设雄安创新驱动发展引领区的思考 [J]．经济与管理，2017，31（03）：1-5．

[100] 习近平．努力成为世界主要科学中心和创新高地 [J]．求是，2021（04）：4-10．

[101] 萧鸣政，应验，张满．人才高地建设的标准与路径——基于概念、特征、结构与要素的分析 [J]．中国行政管理，2022（05）：50-56．

[102] 谢科范，刘骅．重点城市科技园区技术创新效率的测算 [J]．科技管理研究，2009，29（06）：134-136．

[103] 谢羲薇．高新区建设打造区域创新高地 [J]．当代广西，2022（24）：32-33．

[104] 徐硼，罗帆．政策工具视角下的中国科技创新政策 [J]．科学学研究，2020，38（05）：826-833．

[105] 徐顽强，金曼，张红方．武汉东湖国家自主创新示范区重大科技成果产业化政策激励研究 [J]．科技进步与对策，2012，29（06）：100-103．

[106] 薛新龙，史薇，霍鹏．创新高地的高等教育组织结构变革研究——以美国旧金山湾区为例 [J]．中国高教研究，2021（09）：91-97．

[107] 薛阳，薛冲，冯银虎等．财政分权、地方政府债务与区域创新 [J]．统计与决策，2022，38（11）：155-158．

[108] 阎豫桂．粤港澳大湾区打造世界一流创新人才高地的思考 [J]．宏观经济管理，2019（09）：59-65．

[109] 杨佳乐．高等教育对建设世界人才中心与创新高地的贡献——基于全球 38 个国家数据的实证研究 [J]．中国高教研究，2023（11）：39-46．

[110] 杨蓉，朱杰．区域创新政策对企业债务融资能力的影响 [J]．中南民族大学学报（人文社会科学版），2022，42（02）：135-142+186-187．

[111] 应瑛，杜伟杰，邱靓．创新驱动发展的杭州实践 [J]．浙江经

济，2017（16）：17-18.

[112] 袁航，朱承亮.国家高新区推动了中国产业结构转型升级吗[J].中国工业经济，2018（08）：60-77.

[113] 袁胜军，俞立平，钟昌标等.创新政策促进了创新数量还是创新质量？——以高技术产业为例[J].中国软科学，2020（03）：32-45.

[114] 袁武聪.区域创新系统内涵评述与应用分析[J].北方经济，2008（03）：71-72.

[115] 翟立新.中关村：从京郊小村到创新高地[J].前线，2019（07）：17-19.

[116] 张建伟，杜珊珊，肖文杰等.河南省建设中西部科技创新高地的适宜性评价研究[J].创新科技，2017（09）：31-34.

[117] 张可.经济集聚与区域创新的交互影响及空间溢出[J].金融研究，2019（05）：96-114.

[118] 张宓之，朱学彦，梁偲等.创新要素空间集聚模式演进机制研究——多重效应的空间较量[J].科技进步与对策，2016，33（14）：10-16.

[119] 张鹏，张平，袁富华.中国就业系统的演进、摩擦与转型[J].社会科学文摘，2020（02）：52-54.

[120] 赵天宇，孙巍.政府支持、创新环境与工业企业研发[J].经济问题，2022（03）：62-73.

[121] 郑江淮，师磊.本地化创新能力、区域创新高地与产业地理梯度演化路径[J].中国工业经济，2023（05）：43-60.

[122] 中国科技发展战略研究小组.2022年中国区域创新能力评价[J].科学学与科学技术管理，2023（04）：5-11.

[123] 朱孔来，张莹，花迎霞等.国内外对创新型城市评价研究现状综述[J].技术经济与管理研究，2010（06）：7-12.

附录一：国家高新区和国家农高区部分文件及国务院批复

1.《国务院关于同意支持中关村科技园区建设国家自主创新示范区的批复》（国函〔2009〕28号）

科技部、北京市人民政府：

你们《关于支持中关村科技园区建设国家自主创新示范区若干政策建议的请示》（国科发火〔2009〕109号）收悉。

现批复如下：

一、同意中关村科技园区建设国家自主创新示范区。要以科学发展观为指导，发挥创新资源优势，加快改革与发展，努力培养和聚集优秀创新人才特别是产业领军人才，着力研发和转化国际领先的科技成果，做强做大一批具有全球影响力的创新型企业，培育一批国际知名品牌，全面提高中关村科技园区自主创新和辐射带动能力，推动中关村科技园区的科技发展和创新，在本世纪前20年再上一个新台阶，使中关村科技园区成为具有全球影响力的科技创新中心。

二、同意采取以下政策措施支持中关村科技园区建设国家自主创新示范区。

（一）开展股权激励试点。在中关村科技园区范围内的高等院校、科研院所中，开展职务科技成果股权和分红权激励的试点。在中关村科技园区范围内的院所转制企业以及国有高新技术企业中进行股权和分红权激励改革，对做出突出贡献的科技人员和经营管理人员实施期权、技术入股、股权奖励、分红权等多种形式的激励。由财政部、科技部会同有关部门制订具体实施办法。

（二）深化科技金融改革创新试点。完善中关村科技园区范围内非上市公司进入证券公司代办股份转让系统的相关制度；逐步建立和完善各层次市场间的转板制度，建立具有有机联系的多层次资本市场体系。在中关村科技园区范围内注册登记的产业投资基金或股权投资基金，适用国家关于股权投资基金先行先试政策。建立科技型中小企业贷款风险补偿基金，完善科技型企业融资担保机制，鼓励银行加大对科技型中小企业的信贷支持，建立适合科技型中小企业特点、专家参与的风险评估、授信尽职和奖惩制度，开展知识产权等无形资产质押贷款试点。

（三）国家科技重大专项项目（课题）经费中按规定核定间接费用。中关村科技园区范围内承担国家科技重大专项项目（课题）的高等院校、科研院所、企业等单位，可以按照有关规定，在国家科技重大专项项目（课题）经费中核定一定比例的间接费用，主要用于项目（课题）承担单位组织实施项目（课题）过程中发生的管理、协调和监督费用，以及其他无法在直接费用中列支的相关费用。

（四）支持新型产业组织参与国家重大科技项目。在电子信息、生物医药、航空航天、新材料、清洁能源、现代农业、先进制造、节能减排等重点领域，支持中关村科技园区的产业技术创新战略联盟等新型产业组织和民营科技企业参与国家科技重大专项、科技基础设施建设以及有关科技计划项目。由科技部会同有关部门制订具体办法。

（五）实施支持创新创业的税收政策。由财政部、税务总局研究支持中关村科技园区建设国家自主创新示范区的税收政策。

（六）组织编制发展规划。由发展改革委、科技部、财政部及其他有关部门，会同北京市政府，研究制订到2020年的中关村科技园区发展规划。

三、支持北京市人民政府积极利用政府采购政策，在中关村科技园区通过首购、订购、实施首台（套）重大技术装备试验和示范项目等措施，推广应用自主创新产品，支持企业自主创新。创新体制机制，支持在中关村科技园区建设世界一流水平的新型研究机构。

四、加强对中关村科技园区建设国家自主创新示范区的领导。同意成立由科技部牵头的部际协调小组，协调各部门在职责范围内支持中关村科技园区建设国家自主创新示范区，落实上述政策措施，研究解决发展中的重大问题。

国务院有关部门、北京市人民政府要充分认识中关村科技园区建设国家自主创新示范区的重要意义，统一思想，支持中关村科技园区先行先试，改革创新，共同开创中关村科技园区发展新局面。

中华人民共和国国务院
二〇〇九年三月十三日

2.《国务院关于同意支持上海张江高新技术产业开发区建设国家自主创新示范区的批复》（国函〔2011〕8号）

国家科技部、上海市人民政府：

同意支持上海张江高新技术产业开发区建设国家自主创新示范区。要以科学发展观为指导，发挥创新资源优势，加快改革与发展，努力培养和聚焦优秀创新人才特别是产业领军人才，着力研发和转化国际领先的科技成果，做强做大一批具有全球影响力的创新型企业，培育一批国际知名品牌，全面提高张江高新技术产业开发区自主创新和辐射带动能力，推动张江高新技术产业开发区的科技创新在本世纪前20年再上一个新台阶，使张江高新技术产业开发区成为培育战略性新兴产业的核心载体和实现创新驱动、科学发展的示范区域。同意张江高新技术产业开发区参照执行《国务院关于同意支持中关村科技园区建设国家自主创新示范区的批复》（国函〔2009〕28号）中确定支持中关村科技园区的开展股权激励试点、深化科技金融改革创新试点、支持新型产业组织参加国家重大科技项目的政策措施。支持上海市人民政府采取有效措施，推广应用自主创新产品，支持企业自主创新。支持在张江高新技术产业开发区创新体制机制，建设世界一流水平的新型研究机构。同意成立由科技部牵头的部际协调小组，协调各部门在职责范围内支持张江高新技术产业开发区建设国家自主创新示范区，落实相关政策，研究解决发展中的重大问题。同时，国务院还要求国务院有关部门、上海市人民政府要充分认识张江高新技术产业开发区建设国家自主创新示范区的重要意义，统一思想，支持张江高新技术产业开发区先行先试，改革创新，共同开创张江高新技术产业开发区发展新局面。

国务院

2011 年 1 月 19 日

3.《国务院关于同意支持天津滨海高新技术产业开发区建设国家自主创新示范区的批复》（国函〔2014〕163 号）

科技部、天津市人民政府：

《科技部、天津市人民政府关于支持天津滨海高新技术产业开发区建设国家自主创新示范区的请示》（国科发商〔2014〕233 号）收悉。现批复如下：

一、同意支持天津滨海高新技术产业开发区建设国家自主创新示范区，区域范围为国务院有关部门公布的开发区审核公告确定的四至范围。要坚持以邓小平理论、"三个代表"重要思想、科学发展观为指导，深入贯彻党的十八大和十八届二中、三中、四中全会精神，按照党中央、国务院决策部署，全面实施创新驱动发展战略，充分发挥天津创新资源集聚和开发开放优势，积极开展创新政策先行先试，激发各类创新主体活力，着力研发和转化国际领先的科技成果，打造一批具有全球影响力的创新型企业，努力把天津国家自主创新示范区建设成为创新主体集聚区、产业发展先导区、转型升级引领区、开放创新示范区。

二、同意天津滨海高新技术产业开发区享有国家自主创新示范区相关政策，同时结合自身特点，在土地节约集约利用、绿色发展等方面进行积极探索；完善激励企业创新的政策机制，搭建公共技术服务平台，促进科技型中小企业发展，创新金融业务模式和产品，更好服务实体经济和产业转型升级；加强与周边省市战略合作，推动京津冀一体化发展。

三、同意成立由科技部牵头的部际协调小组，协调各部门在职责范围内支持天津滨海高新技术产业开发区建设国家自主创新示范区，落实相关政策措施，研究解决发展中的重大问题。国务院有关部门、天津市人民政府要结合各自职能，在重大项目安排、政策先行先试、体制机制创新等方面给予积极支持，建立协同推进机制，共同开创天津滨海高新技术产业开发区发展新局面。

国务院

2014 年 12 月 11 日

4.《国务院关于同意重庆高新技术产业开发区建设国家自主创新示范区的批复》（国函〔2016〕130 号）

科技部、重庆市人民政府：

你们《关于支持重庆国家高新区建设国家自主创新示范区的请示》（国科发高〔2016〕205 号）收悉。现批复如下：

一、同意重庆高新技术产业开发区建设国家自主创新示范区，区域范围为国务院有关部门公布的开发区审核公告确定的四至范围。要按照党中央、国务院决策部署，贯彻落实全国科技创新大会精神，全面实施创新驱动发展战略，深入推进大众创业、万众创新，发展新经济，培育新动能。要充分发挥重庆的产业优势、体制优势和开放优势，着力建设技术创新体系、新型产业体系、制度创新体系和创新创业生态系统，激发市场主体活力，全面推进对内对外开放，打造具有重要影响力的西部创新中心，努力把重庆高新技术产业开发区建设成为创新驱动引领区、军民融合示范区、科技体制改革试验区、内陆开放先导区。

二、同意重庆高新技术产业开发区享受国家自主创新示范区相关政策，同时结合自身特点，不断深化简政放权、放管结合、优化服务改革，积极开展科技体制改革和机制创新，在科技成果转移转化、科研项目和经费管理、军民深度融合、股权激励、科技金融结合、知识产权保护和运用、人才培养与引进、新型创新组织培育等方面探索示范。

三、同意将重庆高新技术产业开发区建设国家自主创新示范区工作纳入国家自主创新示范区部际协调小组统筹指导，落实相关政策措施，研究解决发展中的重大问题。国务院有关部门要结合各自职能，在重大项目安排、政策先行先试、体制机制创新等方面给予积极支持。

四、重庆市人民政府要加强组织领导，建立协同推进机制，搭建创新合作的联动平台，认真组织编制实施方案，细化任务分工，集成推进重庆高新技术产业开发区建设国家自主创新示范区各项工作。

国务院

2016 年 7 月 19 日

5.《国务院关于同意乌鲁木齐、昌吉、石河子高新技术产业开发区建设国家自主创新示范区的批复》（国函〔2018〕145 号）

科技部、新疆维吾尔自治区人民政府、新疆生产建设兵团：

你们关于支持乌鲁木齐、昌吉、石河子高新技术产业开发区建设国家自主创新示范区的请示（国科发高〔2018〕235 号）收悉。现批复如下：

一、同意乌鲁木齐、昌吉、石河子 3 个高新技术产业开发区（以下统称乌鲁木齐、昌吉、石河子高新区）建设国家自主创新示范区，区域范围为国务院有关部门公布的开发区审核公告确定的四至范围。要深入贯彻党的十九大精神，以习近平新时代中国特色社会主义思想为指导，按照党中央、国务院决策部署，全面实施创新驱动发展战略，充分发挥乌鲁木齐、昌吉、石河子区位优势、创新资源优势和产业基础优势，积极开展创新政策先行先试，着力培育良好的创新创业生态，激发各类创新主体活力，深入推进大众创业、万众创新，打造丝绸之路经济带创新创业新高地，全面提升区域创新体系整体效能，努力把乌鲁木齐、昌吉、石河子高新区建设成为科技体制改革和创新政策试验区、创新创业生态优化示范区、科技成果转化示范区、新兴产业集聚示范区、转型升级引领区、科技创新国际合作先导区。

二、同意乌鲁木齐、昌吉、石河子高新区享受国家自主创新示范区相关政策，同时结合自身特点，不断深化简政放权、放管结合、优化服务改革，积极开展科技体制改革和机制创新，加强资源优化整合，在培育优势特色产业集群、科技创新重大平台建设、科技成果转化、人才培育引进、科技金融结合、知识产权运用与保护、面向中西亚合作创新等方面探索示范，努力创造出可复制、可推广的经验。

三、同意将乌鲁木齐、昌吉、石河子高新区建设国家自主创新示范区工作纳入国家自主创新示范区部际协调小组统筹指导，落实相关政策措施，研究解决发展中的重大问题。国务院有关部门要结合各自职能，在重大项目安排、政策先行先试、体制机制创新等方面给予积极支持。

四、新疆维吾尔自治区人民政府和新疆生产建设兵团要加强组织领导，建立协同推进机制，搭建创新合作的联动平台，认真组织编制实施方案，细化任务分工，集成推进乌鲁木齐、昌吉、石河子高新区建设国家自主创新示范区各项工作。

国务院

2018 年 11 月 23 日

6.《国务院关于同意阿克苏阿拉尔高新技术产业开发区升级为国家高新技术产业开发区的批复》（国函〔2023〕48 号）

新疆维吾尔自治区人民政府：

你区关于阿克苏阿拉尔高新技术产业开发区升级为国家高新技术产业开发区的请示收悉。现批复如下：

一、同意阿克苏阿拉尔高新技术产业开发区升级为国家高新技术产业开发区，定名为阿克苏阿拉尔高新技术产业开发区，实行现行的国家高新技术产业开发区政策。

二、阿克苏阿拉尔高新技术产业开发区升级后规划面积为 13.94 平方公里，共三个区块。区块一规划面积 1.69 平方公里，四至范围：东至西湖路，南至国泰路，西至长江路，北至胜利路；区块二规划面积 6.53 平方公里，四至范围：东至华疆物流南疆专用铁路线，南至外环路，西至永安南路，北至国泰路；区块三规划面积 5.72 平方公里，四至范围：东至银海机彩棉围墙，南至阿图公路，西至阿和公路，北至四海驾校围墙。具体以界址点坐标控制，界址点坐标由国务院有关部门负责发布。

三、阿克苏阿拉尔高新技术产业开发区要以习近平新时代中国特色社会主义思想为指导，全面贯彻落实党的二十大精神，按照党中央、国务院决策部署，完整、准确、全面贯彻新发展理念，着力推动高质量发展，主动构建新发展格局，加快实施创新驱动发展战略，加快实现高水平科技自立自强，开辟发展新领域新赛道，不断塑造发展新动能新优势，努力建设成为创新驱动发展示范区和高质量发展先行区，推动西部大开发形成新格局，有力支撑现代化经济体系建设。优化配置创新资源，增强自主创新能力，加快突破重点领域关键核心技术，打造具有重要引领作用的创新高地；集聚一批战略科技人才、科技领军人才和创新团队，打造具有吸引力的人才高地；强化企业科技创新主体地位，提高科技成果转化和产业化水平，培育壮大高新技术企业和科技型中小微企业，推动创新链产业链资金链人才链深度融合，促进实体经济转型升级，打造具有优势特色的产业高地；改革完善管理体制和运行机制，理顺与所在行政区关系，实现开发区与行政区协调融合发展，推进政策先行先试，深化交流合作，打造富有活力的改革开放高地。

四、阿克苏阿拉尔高新技术产业开发区必须严格实施国土空间规划等相关规划，并纳入国土空间规划"一张图"实施监管，按规定程序履行具体用地报批手续，依法执行规划环境影响评价制度。严格执行项目建设用地控制指标和招标拍卖挂牌出让制度，除按照职住平衡要求配建一定比例保障性租赁住房外，严禁商业性房地产开发，在节约集约利用土地资源的前提下进行建设。

五、要加强领导和管理，统筹推进城市和开发区规划、建设、治理，增强开发区综合功能，强化政策保障。优化营商环境，提升监管效能，构建宜创宜业宜居的创新生态，推进安全、绿色、智慧科技园区建设，塑造新时代城市特色风貌。加强运行监测和统计分析，提高管理科学化水平。

国务院

2023 年 6 月 12 日

7.《国务院关于促进国家高新技术产业开发区高质量发展的若干意见》（国发〔2020〕7 号）

各省、自治区、直辖市人民政府，国务院各部委、各直属机构：

国家高新技术产业开发区（以下简称国家高新区）经过 30 多年发展，已经成为我国实施创新驱动发展战略的重要载体，在转变发展方式、优化产业结构、增强国际竞争力等方面发挥了重要作用，走出了一条具有中国特色的高新技术产业化道路。为进一步促进国家高新区高质量发展，发挥好示范引领和辐射带动作用，现提出以下意见。

一、总体要求

（一）指导思想。

以习近平新时代中国特色社会主义思想为指导，贯彻落实党的十九大和十九届二中、三中、四中全会精神，牢固树立新发展理念，继续坚持"发展高科技、实现产业化"方向，以深化体制机制改革和营造良好创新创业生态为抓手，以培育发展具有国际竞争力的企业和产业为重点，以科技创新为核心着力提升自主创新能力，围绕产业链部署创新链，围绕创新链布局产业链，培育发展新动能，提升产业发展现代化水平，将国家高新区建设成为创新驱动发展示范区和高质量发展先行区。

（二）基本原则。

坚持创新驱动，引领发展。以创新驱动发展为根本路径，优化创新生态，集聚创新资源，提升自主创新能力，引领高质量发展。

坚持高新定位，打造高地。牢牢把握"高"和"新"发展定位，抢占未来科技和产业发展制高点，构建开放创新、高端产业集聚、宜创宜业宜居的增长极。

坚持深化改革，激发活力。以转型升级为目标，完善竞争机制，加强制度创新，营造公开、公正、透明和有利于促进优胜劣汰的发展环境，充分释放各类创新主体活力。

坚持合理布局，示范带动。加强顶层设计，优化整体布局，强化示范带动作用，推动区域协调可持续发展。

坚持突出特色，分类指导。根据地区资源禀赋与发展水平，探索各具特色的高质量发展模式，建立分类评价机制，实行动态管理。

（三）发展目标。

到 2025 年，国家高新区布局更加优化，自主创新能力明显增强，体制机制持续创新，创新创业环境明显改善，高新技术产业体系基本形成，建立高新技术成果产出、转化和产业化机制，攻克一批支撑产业和区域发展的关键核心技术，形成一批自主可控、国际领先的产品，涌现一批具有国际竞争力的创新型企业和产业集群，建成若干具有世界影响力的高科技园区和一批创新型特色园区。到 2035 年，建成一大批具有全球影响力的高科技园区，主要产业进入全球价值链中高端，实现园区治理体系和治理能力现代化。

二、着力提升自主创新能力

（四）大力集聚高端创新资源。国家高新区要面向国家战略和产业发展需求，通过支持设立分支机构、联合共建等方式，积极引入境内外高等学校、科研院所等创新资源。支持国家高新区以骨干企业为主体，联合高等学校、科研院所建设市场化运行的高水平实验设施、创新基地。积极培育新型研发机构等产业技术创新组织。对符合条件纳入国家重点实验室、国家技术创新中心的，给予优先支持。

（五）吸引培育一流创新人才。支持国家高新区面向全球招才引智。支持园区内骨干企业等与高等学校共建共管现代产业学院，培养高端人才。在国家高新区内企业工作的境外高端人才，经市级以上人民政府科技行政部门（外国人来华工作管理部门）批准，申请工作许可的年龄可放宽至65岁。国家高新区内企业邀请的外籍高层次管理和专业技术人才，可按规定申办多年多次的相应签证；在园区内企业工作的外国人才，可按规定申办5年以内的居留许可。对在国内重点高等学校获得本科以上学历的优秀留学生以及国际知名高校毕业的外国学生，在国家高新区从事创新创业活动的，提供办理居留许可便利。

（六）加强关键核心技术创新和成果转移转化。国家高新区要加大基础和应用研究投入，加强关键共性技术、前沿引领技术、现代工程技术、颠覆性技术联合攻关和产业化应用，推动技术创新、标准化、知识产权和产业化深度融合。支持国家高新区内相关单位承担国家和地方科技计划项目，支持重大创新成果在园区落地转化并实现产品化、产业化。支持在国家高新区内建设科技成果中试工程化服务平台，并探索风险分担机制。探索职务科技成果所有权改革。加强专业化技术转移机构和技术成果交易平台建设，培育科技咨询师、技术经纪人等专业人才。

三、进一步激发企业创新发展活力

（七）支持高新技术企业发展壮大。引导国家高新区内企业进一步加大研发投入，建立健全研发和知识产权管理体系，加强商标品牌建设，提升创新能力。建立健全政策协调联动机制，落实好研发费用加计扣除、高新技术企业所得税减免、小微企业普惠性税收减免等政策。持续扩大高新技术企业数量，培育一批具有国际竞争力的创新型企业。进一步发挥高新区的发展潜力，培育一批独角兽企业。

（八）积极培育科技型中小企业。支持科技人员携带科技成果在国家高新区内创新创业，通过众创、众包、众扶、众筹等途径，孵化和培育科技型创业团队和初创企业。扩大首购、订购等非招标方式的应用，加大对科技型中小企业重大创新技术、产品和服务采购力度。将科技型中小企业培育孵化情况列入国家高新区高质量发展评价指标体系。

（九）加强对科技创新创业的服务支持。强化科技资源开放和共享，鼓励园区内各类主体加强开放式创新，围绕优势专业领域建设专业化众创空间和科技企业孵化器。发展研究开发、技术转移、检验检测认证、创业孵化、知识产权、科技咨询等科技服务机构，提升专业化服务能力。继续支持国家高新区打造科技资源支撑型、高端人才引领型等创新创业特色载体，完善园区创新创业基础设施。

四、推进产业迈向中高端

（十）大力培育发展新兴产业。加强战略前沿领域部署，实施一批引领型重大项目和新技术应用示范工程，构建多元化应用场景，发展新技术、新产品、新业态、新模式。推动数字经济、平台经济、智能经济和分享经济持续壮大发展，引领新旧动能转换。引导企业广泛应用新技术、新工艺、新材料、新设备，推进互联网、大数据、人工智能同实体经济深度融合，促进产业向智能化、高端化、绿色化发展。探索实行包容审慎的新兴产业市场准入和行业监管模式。

（十一）做大做强特色主导产业。国家高新区要立足区域资源禀赋和本地基础条件，发挥比较优势，因地制宜、因园施策，聚焦特色主导产业，加强区域内创新资源配置和产业发展统筹，优先布局相关重大产业项目，推动形成集聚效应和品牌优势，做大做强特色主导产业，避免趋同化。发挥主导产业战略引领作用，带动关联产业协同发展，形成各具特色的产业生态。支持以领军企业为龙头，以产业链关键产品、创新链关键技术为核心，推动建立专利导航产业发展工作机制，集成大中小企业、研发和服务机构等，加强资源高效配置，培育若干世界级创新型产业集群。

五、加大开放创新力度

（十二）推动区域协同发展。支持国家高新区发挥区域创新的重要节点作用，更好服务于京津冀协同发展、长江经济带发展、粤港澳大湾区建设、长三角一体化发展、黄河流域生态保护和高质量发展等国家重大区域发展战略实施。鼓励东部国家高新区按照市场导向原则，加强与中西部国家高新区对口合作和交流。探索异地孵化、飞地经济、伙伴园区等多种合作机制。

（十三）打造区域创新增长极。鼓励以国家高新区为主体整合或托管区位相邻、产业互补的省级高新区或各类工业园区等，打造更多集中连片、协同互补、联合发展的创新共同体。支持符合条件的地区依托国家高新区按相关规定程序申请设立综合保税区。支持国家高新区跨区域配置创新要素，提升周边区域市场主体活力，深化区域经济和科技一体化发展。鼓励有条件的地方整合国家高新区资源，打造国家自主创新示范区，在更高层次探索创新驱动发展新路径。

（十四）融入全球创新体系。面向未来发展和国际市场竞争，在符合国际规则和通行惯例的前提下，支持国家高新区通过共建海外创新中心、海外创业基地和国际合作园区等方式，加强与国际创新产业高地联动发展，加快引进集聚国际高端创新资源，深度融合国际产业链、供应链、价值链。服务园区内企业"走出去"，参与国际标准和规则制定，拓展新兴市场。鼓励国家高新区开展多种形式的国际园区合作，支持国家高新区与"一带一路"沿线国家开展人才交流、技术交流和跨境协作。

六、营造高质量发展环境

（十五）深化管理体制机制改革。建立授权事项清单制度，赋予国家高新区相应的科技创新、产业促进、人才引进、市场准入、项目审批、财政金融等省级和市级经济管理权限。建立国家高新区与省级有关部门直通车制度。优化内部管理架构，实行扁平化管理，整合归并内设机构，实行大部门制，合理配置内设机构职能。鼓励有条件的国家高新区探索岗位管理制度，实行聘用制，并建立完善符合实际的分配激励和考核机制。支持国家高新区探索新型治理模式。

（十六）优化营商环境。进一步深化"放管服"改革，加快国家高新区投资项目审批改革，实行企业投资项目承诺制、容缺受理制，减少不必要的行政干预和审批备案事项。进一步深化商事制度改革，放宽市场准入，简化审批程序，加快推进企业简易注销登记改革。在国家高新区复制推广自由贸易试验区、国家自主创新示范区等相关改革试点政策，加强创新政策先行先试。

（十七）加强金融服务。鼓励商业银行在国家高新区设立科技支行。支持金融机构在国家高新区开展知识产权投融资服务，支持开展知识产权质押融资，开发完善知识产权保险，落实首台（套）重大技术装备保险等相关政策。大力发展市场化股权投资基金。引导创业投资、私募股权、并购基金等社会资本支持高成长企业发展。鼓励金融机构创新投贷联动模式，积极探索开展多样化的科技金融服务。创新国有资本创投管理机制，允许园区内符合条件的国有创投企业建立跟投机制。支持国家高新区内高成长企业利用科创板等多层次资本市场挂牌上市。支持符合条件的国家高新区开发建设主体上市融资。

（十八）优化土地资源配置。强化国家高新区建设用地开发利用强度、投资强度、人均用地指标整体控制，提高平均容积率，促进园区紧凑发展。符合条件的国家高新区可以申请扩大区域范围和面积。省级人民政府在安排土地利用年度计划时，应统筹考虑国家高新区用地需求，优先安排创新创业平台建设用地。鼓励支持国家高新区加快消化批而未供土地，处置闲置土地。鼓励地方人民政府在国家高新区推行支持新产业、新业态发展用地政策，依法依规利用集体经营性建设用地，建设创新创业等产业载体。

（十九）建设绿色生态园区。支持国家高新区创建国家生态工业示范园区，严格控制高污染、高耗能、高排放企业入驻。加大国家高新区绿色发展的指标权重。加快产城融合发展，鼓励各类社会主体在国家高新区投资建设信息化等基础设施，加强与市政建设接轨，完善科研、教育、医疗、文化等公共服务设施，推进安全、绿色、智慧科技园区建设。

七、加强分类指导和组织管理

（二十）加强组织领导。坚持党对国家高新区工作的统一领导。国务院科技行政部门要会同有关部门，做好国家高新区规划引导、布局优化和政策支持等相关工作。省级人民政府要将国家高新区作为实施创新驱动发展战略的重要载体，加强对省内国家高新区规划建设、产业发展和创新资源配置的统筹。所在地市级人民政府要切实承担国家高新区建设的主体责任，加强国家高新区领导班子配备和干部队伍建设，并给予国家高新区充分的财政、土地等政策保障。加强分类指导，坚持高质量发展标准，根据不同地区、不同阶段、不同发展基础和创新资源等情况，对符合条件、有优势、有特色的省级高新区加快"以升促建"。

（二十一）强化动态管理。制定国家高新区高质量发展评价指标体系，突出研发经费投入、成果转移转化、创新创业质量、科技型企业培育发展、经济运行效率、产业竞争能力、单位产出能耗等内容。加强国家高新区数据统计、运行监测和绩效评价。建立国家高新区动态管理机制，对评价考核结果好的国家高新区予以通报表扬，统筹各类资金、政策等加大支持力度；对评价考核结果较差的通过约谈、通报等方式予以警告；对整改不力的予以撤销，退出国家高新区序列。

国务院

2020 年 7 月 13 日

8.《国务院办公厅关于推进农业高新技术产业示范区建设发展的指导意见》（国办发〔2018〕4 号）

各省、自治区、直辖市人民政府，国务院各部委、各直属机构：

1997 年和 2015 年，国务院分别批准建立杨凌、黄河三角洲农业高新技术产业示范区。在各方共同努力下，我国农业高新技术产业示范区（以下简称示范区）建设取得明显成效，在抢占现代农业科技制高点、引领带动现代农业发展、培育新型农业经营主体等方面发挥了重要作用，但也面临发展不平衡不充分、高新技术产业竞争力有待提高等问题。为加快推进示范区建设发展，提高农业综合效益和竞争力，大力推进农业农村现代化，经国务院同意，现提出以下意见。

一、总体要求

（一）指导思想。全面贯彻党的十九大精神，以习近平新时代中国特色社会主义思想为指导，认真落实党中央、国务院决策部署，统筹推进"五位一体"总体布局和协调推进"四个全面"战略布局，牢固树立和贯彻落实新发展理念，以实施创新驱动发展战略和乡村振兴战略为引领，以深入推进农业供给侧结构性改革为主线，以服务农业增效、农民增收、农村增绿为主攻方向，统筹示范区建设布局，充分发挥创新高地优势，集聚各类要素资源，着力打造农业创新驱动发展的先行区和农业供给侧结构性改革的试验区。

（二）基本原则。

坚持创新驱动。以科技创新为引领，构建以企业为主体的创新体系，促进农业科技成果集成、转化，培育农业高新技术企业、发展农业高新技术产业，通过试验示范将科研成果转化为现实生产力，更好为农业农村发展服务，走质量兴农之路。

深化体制改革。以改革创新为动力，加大科技体制机制改革力度，打造农业科技体制改革"试验田"，进一步整合科研力量，深入推进"放管服"改革，充分调动各方面积极性，着力激发农业科技创新活力。

突出问题导向。以国家战略为指引，主动适应当前农产品供需形势变化，针对制约区域发展的突出问题，围绕农业生产经营需求，加强科研创新，强化协同攻关，坚持差异化、特色化发展，增强农业可持续发展能力。

推动融合发展。以提质增效为重点，推进农村一二三产业融合发展，充分发挥溢出效应，提升农业技术水平，加快构建现代农业产业体系，促进城乡一体化建设，辐射带动农业农村发展，实现农业强、农村美、农民富，为乡村全面振兴提供有力支撑。

（三）主要目标。到 2025 年，布局建设一批国家农业高新技术产业示范区，打造具有国际影响力的现代农业创新高地、人才高地、产业高地。探索农业创新驱动发展路径，显著提高示范区土地产出率、劳动生产率和绿色发展水平。坚持一区一主题，依靠科技创新，着力解决制约我国农业发展的突出问题，形成可复制、可推广的模式，提升农业可持续发展水平，推动农业全面升级、农村全面进步、农民全面发展。

二、重点任务

（一）培育创新主体。研究制定农业创新型企业评价标准，培育一批研发投入大、技术水平高、综合效益好的农业创新型企业。以"星创天地"为载体，推进大众创业、万众创新，鼓励新型职业农民、大学生、返乡农民工、留学归国人员、科技特派员等成为农业创业创新的生力军。支持家庭农场、农民合作社等新型农业经营主体创业创新。

（二）做强主导产业。按照一区一主导产业的定位，加大高新技术研发和推广应用力度，着力提升主导产业技术创新水平，打造具有竞争优势的农业高新技术产业集群。加强特色优势产业关键共性技术攻关，着力培育现代农业发展和经济增长新业态、新模式，增强示范区创新能力和发展后劲。强化"农业科技创新+产业集群"发展路径，提高农业产业竞争力，推动向产业链中高端延伸。

（三）集聚科教资源。推进政产学研用创紧密结合，完善各类研发机构、测试检测中心、新农村发展研究院、现代农业产业科技创新中心等创新服务平台，引导高等学校、科研院所的科技资源和人才向示范区集聚。健全新型农业科技服务体系，创新农技推广服务方式，探索研发与应用无缝对接的有效办法，支持科技成果在示范区内转化、应用和示范。

（四）培训职业农民。加大培训投入，整合培训资源，增强培训能力，创新培训机制，建设具有区域特点的农民培训基地，提升农民职业技能，优化农业从业者结构。鼓励院校、企业和社会力量开展专业化教育，培养更多爱农业、懂技术、善经营的新型职业农民。

（五）促进融合共享。推进农村一二三产业融合发展，加快转变农业发展方式。积极探索农民分享二三产业增值收益的机制，促进农民增收致富，增强农民的获得感。推动城乡融合发展，推进区域协同创新，逐步缩小城乡差距，打造新型"科技+产业+生活"社区，建设美丽乡村。

（六）推动绿色发展。坚持绿色发展理念，发展循环生态农业，推进农业资源高效利用，打造水体洁净、空气清新、土壤安全的绿色环境。加大生态环境保护力度，提高垃圾和污水处理率，正确处理农业绿色发展和生态环境保护、粮食安全、农民增收的关系，实现生产生活生态的有机统一。

（七）强化信息服务。促进信息技术与农业农村全面深度融合，发展智慧农业，建立健全智能化、网络化农业生产经营体系，提高农业生产全过程信息管理服务能力。加快建立健全适应农产品电商发展的标准体系，支持农产品电商平台建设和乡村电商服务示范，推进农业农村信息化建设。

（八）加强国际合作。结合"一带一路"建设和农业"走出去"，统筹利用国际国内两个市场、两种资源，提升示范区国际化水平。加强国际学术交流和技术培训，国家引进的农业先进技术、先进模式优先在示范区转移示范。依托示范区合作交流平台，推动装备、技术、标准、服务"走出去"，提高我国农业产业国际竞争力。

三、政策措施

（一）完善财政支持政策。中央财政通过现有资金和政策渠道，支持公共服务平台建设、农业高新技术企业孵化、成果转移转化等，推动农业高新技术产业发展。各地要按规定统筹支持农业科技研发推广的相关资金并向示范区集聚，采取多种形式支持农业高新技术产业发展。

（二）创新金融扶持政策。综合采取多种方式引导社会资本和地方政府在现行政策框架下设立现代农业领域创业投资基金，支持农业科技成果在示范区转化落地；通过政府和社会资本合作（PPP）等模式，吸引社会资本向示范区集聚，支持示范区基础设施建设；鼓励社会资本在示范区所在县域使用自有资金参与投资组建村镇银行等农村金融机构。创新信贷投放方式，鼓励政策性银行、开发性金融机构和商业性金融机构，根据职能定位和业务范围为符合条件的示范区建设项目和农业高新技术企业提供信贷支持。引导风险投资、保险资金等各类资本为符合条件的农业高新技术企业融资提供支持。

（三）落实土地利用政策。坚持依法供地，在示范区内严禁房地产开发，合理、集约、高效利用土地资源。在土地利用年度计划中，优先安排农业高新技术企业和产业发展用地，明确"规划建设用地"和"科研试验、示范农业用地（不改变土地使用性质）"的具体面积和四至范围（以界址点坐标控制）。支持指导示范区在落实创新平台、公共设施、科研教学、中试示范、创业创新等用地时，用好用足促进新产业新业态发展和大众创业、万众创新的用地支持政策，将示范区建设成为节约集约用地的典范。

（四）优化科技管理政策。在落实好国家高新技术产业开发区支持政策、高新技术企业税收优惠政策等现有政策的基础上，进一步优化科技管理政策，推动农业企业提升创新能力。完善科技成果评价评定制度和农业科技人员报酬激励机制。将示范区列为"创新人才推进计划"推荐渠道，搭建育才引才荐才用才平台。

四、保障机制

（一）加强组织领导。科技部等有关部门要建立沟通协调机制，明确分工，协同配合，形成合力，抓好贯彻落实。各地要根据国务院统一部署，创新示范区管理模式，探索整合集约、精简高效的运行机制，以评促建、以建促管、建管并重，全面提升示范区发展质量和水平。

（二）规范创建流程。坚持高标准、严要求，科学合理布局。由省（区、市）人民政府制定示范区建设发展规划和实施方案并向国务院提出申请，科技部会同有关部门从示范区功能定位、区域代表性等方面对规划和方案进行评估，按程序报国务院审批。

（三）做好监测评价。健全监测评价机制，建立创新驱动导向的评价指标体系，加强对创新能力、高新技术产业培育、绿色可持续发展等方面的考核评价。定期开展建设发展情况监测，建立有进有退的管理机制。加强监督指导，不断完善激励机制，切实保障示范区建设发展质量。

国务院办公厅

2018 年 1 月 16 日

附录二："十四五"国家高新区发展规划部分内容

附表 1 "十四五"国家高新区发展预期性目标

序号	指标	2020 年	2025 年
1	园区生产总值占全国的比重（%）	13.3	15
2	全员劳动生产率（万元/人）	36.6	45
3	单位增加值综合能耗降低（%）*	29	15
4	企业研发经费支出占地区生产总值比重（%）	6.8	7.8
5	当年国内发明专利授权量占全国比重（%）	34.2	40
6	每万名从业人员拥有研发人员数（人年）	1240	1380
7	当年高新技术企业数（万家）	10.1	30
8	当年境内外上市企业数（家）	1684	2000
9	出口总额占全国外贸出口比重（%）	22.5	30
10	当年新注册企业数（万家）	74.8	150
11	技术合同成交额（亿元）	8017.4	25000

注：*是指五年累计下降率。

一、重点任务

（一）增强科技创新策源能力

1. 壮大国家战略科技力量

以国家战略需求为导向，推动国家科研机构、高水平研究型大学、科技领军企业等国家战略科技力量在国家高新区布局。鼓励园区强化对科技创新平台的硬件支持和配套服务，完善科技成果落地承接机制；加强对国家科研机构的资源引入、成果转化和运营评价；深化与高水平研究型大学的联合研发，加强基础前沿探索和关键技术突破；支持科技领军企业牵头建设布局跨领域、大协作、高强度的创新基地，积极参与全国重点实验室重组和国家技术创新中心布局，增强重点产业和关键领域技术创新能力。

2. 集聚高端科教资源

支持国家高新区建设科教资源集聚区，打造高品质创新空间。鼓励园区通过联合共建、虚拟整合等方式，集聚境内外高等院校、科研院所等创新资源。鼓励高等院校、科研院所在园区设立分支机构。支持区内骨干企业联合高等院校、科研院所建设市场化运行的高水平实验设施、新型研发机构。支持区内高等院校、科研院所组建开放实验室，面向企业开放共享科研仪器设备、检验检测等资源。支持园区企业在科技资源密集地区建设研发机构。

专栏 1　科教资源集聚区建设行动

为提升国家高新区创新能级，推动一批有条件的园区率先建设科教资源集聚区，夯实特色产业和重点领域创新能力。

规划建设专门功能区。通过整合或新建等方式，设立专门空间，规划布局科学城、科技城、科创城、科教城等载体，建设若干创新社区、科技产业社区，完善商务生活配套。

集聚高端科教资源。推动园区所在地研发机构优先在集聚区布局，引入国内外高等院校、科研院所、企业研发中心、新型研发机构等，布局重大科技基础设施、国家技术创新中心等重大创新平台。

完善科技服务网络。引进培育创业孵化、技术转移、科技金融、知识产权、科技咨询等各类社会化的科技服务机构，提升专业化服务水平。

3. 提升基础研究和应用基础研究水平

支持国家高新区企业、高等院校、科研院所积极承担国家和地方基础研究类项目。鼓励园区组织区内创新主体提出基础研究和应用基础研究重大问题清单。鼓励地方政府部门联合园区设立面向区内主体的基础研究类项目。支持区内高等院校、科研院所建设基础学科研究中心，自主开展基础研究和应用基础研究。鼓励园区有条件的行业龙头企业围绕解决产业发展和生产实践中的共性基础问题，加强应用基础研究。引导园区落实企业基础研究投入税收优惠政策，探索建立多渠道基础研究和应用基础研究投入的长效机制。

4. 加强关键核心技术研发

支持国家高新区围绕重点产业领域和战略性产品的关键环节，聚焦关键共性技术、前沿引领技术、现代工程技术、颠覆性技术创新，集中优势资源和科研精锐力量推动技术攻关。鼓励园区探索市场化和政府投入协同联动的技术攻关体制，支持各类创新主体通过"揭榜挂帅""赛马制"等方式承担或参与国家、省级重大科技项目。引导园区推动关键核心技术研发、国家科技计划等重大成果落地转化，加快实现产品化、产业化。

（二）汇聚国家战略人才力量

1. 集聚多层次创新人才

支持国家高新区面向全球招才引智，实行更加积极、更加开放、更加有效的人才政策。鼓励园区依托重大创新平台、重大科技项目，培养和引进一批科技人才和创新团队。鼓励园区设立面向青年科技人才的专项计划，支持符合申报条件的设立博士后科研工作站，引进国内外优秀博士和博士后等青年科技人才。鼓励园区设立科技领军人才创新驱动中心等，实施科技人员服务企业专项行动，推动科技人才转化科技成果。

2. 培养高水平人才队伍

支持国家高新区建立完善各类人才支持培养政策，构建精准化人才培育体系。鼓励区内高等院校主动适应新兴产业发展需求，加强行业特色学科专业建设，增设前沿和紧缺学科专业。深化产教融合，支持园区建设校企联合人才培养平台，引导骨干企业等与高等学校共建共管现代产业学院，深度参与未来技术学院建设，培养国际化人才和高水平工程技术人才等。鼓励园区探索完善校企、院企科研人员"双聘""旋转门"机制。建立健全市场导向的人才跨区域交流合作机制，促进人才健康有序流动。

3. 创新人才发展机制

鼓励国家高新区探索市场评价人才机制，制定对标国际通行规则与标准的科技创新人才发展指标，建立以创新价值、能力、贡献为导向的人才评价体系。鼓励区内符合条件的高等院校、科研院所自主引进人才和评定职称，构建充分体现知识、技术等创新要素价值的收益分配机制。鼓励地方政府面向园区"高精尖缺"人才开辟"绿色通道"，优化外国高端人才来华工作许可和居留许可程序。支持在区内企业工作并取得永久居留资格的外籍科学家领衔承担科技计划项目，探索建立外国在华留学生校外实习和勤工助学制度。

4. 优化人才服务保障

支持国家高新区坚持以人为本，强化综合保障与公共服务，激励各类人才创新创业。鼓励园区建设多种市场机制的人才公寓，采用"租、售、补"并举方式，着力解决创新人才住房问题。鼓励区内高等院校、科研院所等利用自有资源，做好人才安居保障工作。鼓励园区发展市场化人才服务机构，为人才提供多样化、专业化服务。推动园区强化福利保障、子女教育、医疗卫生等服务，建设国际学校、三甲医院等一流配套设施，营造和谐宜居、环境优美的人才生活环境。

(三) 建设世界级产业集群

1. 着力发展特色主导产业

鼓励国家高新区立足资源禀赋和特色优势，因地制宜、因园施策，聚焦特色主导产业，强化创新资源配置，优先布局相关重大产业项目，加快形成聚集效应和品牌优势。引导园区发挥主导产业战略引领作用，集成大中小企业、研发机构、服务机构等，带动关联产业协同发展，形成各具特色的产业生态。引导园区企业广泛应用新技术、新工艺、新材料、新设备，推进互联网、大数据、人工智能同实体经济深度融合，促进产业向智能化、高端化、绿色化发展，加快迈向价值链中高端，提升产业链供应链现代化水平。

2. 壮大战略性新兴产业

鼓励国家高新区加强战略前沿领域部署，实施一批引领型重大项目和新技术应用示范工程，加快关键核心技术创新应用，培育壮大战略产业新引擎。支持园区以产业链关键产品、创新链关键技术为核心，加快聚合关键要素，深入推进跨界融合创新，完善新兴产业配套设施，打造具有全球竞争力的战略性新兴产业集群。引导园区围绕战略性新兴产业，锻造长板，提升产业链韧性，推动强链补链，促进跨区域产业链协作，防止低水平重复建设。

3. 塑造数字经济新优势

引导国家高新区推动数字技术和制造业、服务业深度融合，催生新产业新业态新模式。支持园区建设数字基础设施、数字技术创新体系，培育一批数字化车间和智能工厂，部署一批具有国际水准的工业互联网平台、数字化转型促进中心。鼓励园区积极培育人工智能、大数据、云计算、区块链、工业互联网等新兴数字产业，打造优势数字产业集群。支持园区探索场景创新，完善场景促进机制，探索推出首发首创式应用场景，释放数字经济新活力。

专栏 2　应用场景建设行动

围绕前沿科技和未来产业发展、消费升级、园区治理等需求，支持国家高新区实施应用场景建设行动，促进新技术新产品落地应用。

明确场景建设方向。突出区域特色，以数字技术创新应用为重点制定场景建设行动方案。围绕区块链、量子科技、生命科学、人工智能等方向，加大具有科技感、未来感的场景供给。

发布场景机会清单。围绕重大项目载体、产业数字化转型、城市建设与城市更新、城市管理和民生服务等，定期征集场景需求清单并向社会发布，吸引企业"揭榜挂帅"落地，参与园区场景创新。

完善场景促进机制。引入和培育专业化、市场化的场景机构，跟踪新技术创新场景，推动常态化场景挖掘、策划、发布和对接，形成一批具有核心竞争力和商业价值的示范产品。

4. 前瞻布局未来产业

支持国家高新区依托高校优势学科和学科交叉融合的优势，面向类脑智能、量子信息、基因技术、未来网络、氢能与储能等前沿科技和产业变革领域，前瞻部署一批未来产业。支持园区联合国家大学科技园建设未来产业科技园、未来产业技术研究院等，创新未来产业应用场景，打造未来产业科技创新和孵化高地。引导园区支持产业跨界融合，开展前沿科技、硬科技创业，加速形成若干未来产业。

专栏3 未来产业培育行动

充分发挥高等院校、科研院所、大学科技园等优势，推动具备条件的国家高新区实施未来产业培育行动，促进基础研究和前沿科技成果转化。

建设未来产业科技园。依托国家大学科技园，建设未来产业科技园，强化相关基础设施建设和应用场景构建，探索"学科+产业"创新模式和"孵化+投资"服务体系，促进未来产业孵化和产业化。

建设未来产业技术研究院。依托区内高水平研究型大学、科技领军企业，联合共建未来产业技术研究院，加快集聚未来产业重点方向高层次人才等各类创新资源，加强前沿技术多路径探索、交叉融合和颠覆性技术供给。

完善未来产业培育机制。按照市场化方式，引入和培育促进未来产业发展的机构，开展产业选择、企业培育、招商引资、场景发布、品牌活动、评估考核等专业化服务。

（四）壮大创新型企业群体

1. 建设科技领军和世界一流企业

支持国家高新区瞄准产业链重点环节、关键核心技术，引进和培育一批核心技术能力突出、集成创新能力强、代表国家战略科技力量的科技领军和世界一流企业。支持区内企业联合高等院校、科研院所和行业上下游企业建设创新联合体，参与重大基础研究平台、科技创新基地、跨学科研究中心建设和国家科技计划。引导区内企业开放创新资源、供应链资源和市场渠道，通过研发众包、内部创业、大中小企业融通等方式，实现平台化转型。

2. 提升高新技术企业核心竞争力

鼓励国家高新区持续扩大高新技术企业数量，推动高新技术企业高质量规范发展。引导园区建立健全政策协调联动机制，落实好研发费用加计扣除、高新技术企业所得税减免等政策。鼓励园区加大新产品新技术应用推广力度。支持区内企业进一步加大研发投入，建设高水平研发机构，开展关键核心技术攻关，提升创新能力。引导区内企业建立健全知识产权管理体系，优化核心自主知识产权，加强商标品牌建设，增强行业国际话语权。

3. 支持高成长企业发展

支持国家高新区加大瞪羚、独角兽等高成长企业培育力度，完善企业发掘、筛选和培育机制，健全企业支持政策。支持园区建立高成长企业梯度培养体系，将更多具有发展潜力的企业纳入培育范围。支持园区引入市场化、专业化的高成长企业服务机构，针对不同阶段企业发展需求，开展商业模式优化、项目路演、资本对接、场景拓展等精准服务。引导创业投资、私募股权、并购基金等社会资本支持瞪羚、独角兽企业发展。

4. 培育科技型中小企业

鼓励国家高新区建立支持科技型中小企业研发的制度安排，精准培育一批"四科"特征明显的科技型中小企业。推动园区各类创新平台加大对科技型中小企业研发活动的支持，引导更多资源向科技型中小企业聚集。鼓励园区加大对科技型中小企业技术研发、中试熟化基地、平台建设、场地租赁等支持力度。支持园区探索科技型中小企业创新产品政府采购制度，加大高端装备首台（套）、新材料首批次、软件首版次等创新产品政府非招标采购力度。鼓励园区引导中小企业向"专精特新"企业发展。

（五）推动高水平创新创业

1. 提升创业孵化服务专业化水平

鼓励国家高新区内大学科技园提升发展内涵，强化专业化运营管理水平。支持园区推动众创空间、孵化器等载体专业化、市场化、链条化发展，依托龙头企业、高校院所立足优势细分领域，建设专业化众创空间。引导园区对孵化载体实施分类指导、运行评估和动态管理，精准扶持优质载体提档升级。支持园区建设科技服务业集聚区，引进和培育研究开发、检验检测认证、科技咨询、标准服务等专业科技服务机构，优化创新创业生态。鼓励园区举办高质量创新创业活动，打造具有影响力的创新创业品牌，吸引海内外高层次人才开展硬科技、前沿科技等高水平创业。支持园区弘扬科学家精神、企业家精神，倡导鼓励创新、宽容失败的文化。

专栏4　高水平科技创业促进行动

推进创新创业纵深发展，推动国家高新区实施高水平科技创业促进行动，培育一批具有标杆效应和高成长潜力的创新型企业。

建设高质量孵化载体。加快建设一批高水平创业亟须的专业化众创空间、硬科技孵化器，集聚市场化运营团队，打造专业化技术平台，强化产品研发、工业设计、小批量试制、中试熟化、检验检测等功能。

会聚高水平创业人才。聚焦世界科技前沿、未来产业等方向，加快集聚海内外科学家、企业家、大企业高管等高层次创新创业人才，深入推进前沿科技创业、硬科技创业、科学家联合创业、连续创业。

完善专业化精准服务。加快引进国际律师、知识产权人才、产业投资人等高水平专业化服务机构和人才，实施科技创新券制度，不断深化"孵化+投资"等服务。

2. 加强科技成果转移转化

支持地方政府依托国家高新区建设国家科技成果转移转化示范区，在职务科技成果所有权改革、要素市场化配置改革、科技成果评价改革等方面创新机制、先行先试。支持园区建设专业化技术转移机构、技术成果交易平台、科技成果中试工程化服务平台、概念验证中心、质量基础设施服务平台等，培育科技咨询师、技术经纪人等高素质复合型人才。鼓励园区建立健全科技成果常态化路演机制，做实中国创新挑战赛、科技成果直通车、颠覆性技术创新大赛等品牌活动。

3. 促进科技与金融深度融合

鼓励银行业金融机构在国家高新区设立科技支行。支持各类金融机构在区内开展投贷联动、知识产权质押融资、知识产权保险、绿色金融、供应链金融等多样化服务，落实首台（套）重大技术装备保险等相关政策。支持区内科技型企业扩大债券融资。支持园区按照市场化、法治化原则，探索多元风险分担机制，开展科技成果转化贷款风险补偿工作，健全科技型中小企业信贷风险分担体系。引导园区完善企业创新积分与涉企金融政策支持联动机制，鼓励金融机构支持企业研发创新。支持园区培育发展市场化股权投资基金，发挥政府引导基金的撬动作用，壮大天使投资、创业投资规模，加强对早期科创企业的扶持。支持园区创新国有资本创投管理机制，允许符合条件的国有创投企业建立跟投机制。支持园区科技企业在创业板、科创板等多层次资本市场上市。

专栏5　科技与金融深度融合行动

强化金融对科技产业的支撑作用，推动国家高新区实施科技与金融深度融合行动，实现金融、科技和产业良性循环。

建设科技金融创新服务中心。加快集聚各类金融机构，建设科技金融信息服务平台。鼓励设立科技支行、专业化科技特色支行，围绕不同领域、不同阶段、不同类别企业需求提供个性化金融服务产品。

发展积分贷等新型科技信贷。统筹银行信贷、风险补偿、融资担保、金融债等，建立完善科技信贷产品体系与政府性融资担保的联动机制，推进企业创新积分制试点，发展企业创新积分贷等。

精准开展科技企业上市融资服务。联合各类机构建立"融资对接—投资路演—上市培训"辅导体系，分层分类支持重点科技企业在主板、创业板、科创板等上市融资。

---

4. 加强知识产权创造运用与保护

支持国家高新区创建国家级知识产权强国建设试点示范园区，建设专利导航服务基地、商标品牌指导站，培育国家知识产权优势示范企业，引导企业在重点产业领域形成并转化一批技术含量高、市场发展前景好、竞争力强的高价值专利，打造一批知名商标品牌。鼓励园区加快引进和培育知识产权评估、交易等服务机构，开展知识产权转让、许可等运营服务。支持区内高等学校、科研院所推行知识产权全过程管理，挖掘存量专利价值。引导园区加强行政保护与司法保护的协同联动，大力培养知识产权法律服务人才，建立健全海外知识产权预警机制，强化海外知识产权纠纷应对指导及服务。

（六）促进绿色化智能化融合发展

1. 加强绿色低碳技术研发应用

鼓励国家高新区引导企业建设绿色技术验证中心、绿色技术创新中心、绿色技术工程研究中心等创新平台，聚焦化石能源绿色智能开发和清洁低碳利用、新能源、生态环境保护、清洁生产、资源综合循环利用等领域，开展绿色技术攻关和示范应用。支持区内企业、高等学校、科研院所探索建立绿色技术标准及服务体系，推广运用减碳、零碳、负碳技术和装备。

2. 推动绿色低碳产业发展

鼓励国家高新区谋划建设低碳产业专业园，培育新能源、新能源汽车、绿色环保等绿色产业集群，发展绿色低碳技术咨询、碳资产开发管理、第三方合同能源管理、环保管家等服务业态，强化绿色产品、绿色装备、绿色低碳解决方案供给。支持园区推进产业绿色低碳转型，促进大数据、人工智能等新兴技术与绿色低碳产业深度融合，打造绿色工厂、绿色供应链、智能工厂等。

3. 优化绿色生态环境

支持国家高新区绿色低碳循环化发展，严格控制高能耗、高排放、低水平企业入驻。鼓励园区倡导全面节能降耗，加大对工业污染物排放的全过程防控和治理，降低污染物产生量。支持园区加大清洁能源使用，推进能源梯级利用，降低化石能源消耗。引导园区加大绿色基础设施建设，打造更多生态绿色景观，提高整体绿化覆盖率。鼓励园区引导企业完善绿色认证和标识体系，建立绿色产品采信机制。

专栏6　园区绿色发展行动

加快落实国家高新区绿色发展行动，探索和形成科技创新引领绿色高质量发展的路径。

制定绿色技术目录。聚焦重点领域，通过公开征集、专家评审，推动更多符合条件的先进技术纳入绿色技术推广目录，引导企业申报、实施绿色技术项目，为加快迈向碳达峰碳中和提供技术支撑。

培育绿色领军企业。加强对企业绿色投资、绿色建设、绿色运营、绿色创新等方面的支持力度，培育一批具有引领性和示范性的绿色领军企业。

建设低碳产业专业园。围绕低碳产业集群发展、能源转型等导向，联合龙头企业，通过新建、整合、改造等方式集中规划专门区域建设低碳产业专业园，以点带面示范带动园区绿色发展。

4. 建设数字园区

鼓励国家高新区布局建设绿色低碳的数字化智能化设施和平台。支持符合条件的各类社会主体在园区投资建设高速信息通信网络、工业互联网、算力中心、数据中心等新型信息基础设施。支持园区推进管理和服务的数字化智能化，建设产业和创新创业大数据平台，提升园区管理运营服务效能。支持园区建设智慧社区，推进教育、医疗、养老等数字化服务普惠应用，促进消费、生活、休闲、交通出行等各类场景数字化。

专栏 7　数字园区建设行动

全面深化国家高新区数字化转型，推动数字经济优势突出的园区实施数字园区建设行动，提升发展质量和服务能力。

推进园区基础设施数字化。建设完善 5G、物联网等通信网络基础设施，布局人工智能、区块链等新技术基础设施，提升智能计算中心等算力基础设施功能，推进交通、物流、市政等基础设施数字化升级。

加快培育数字产业。加强政策集成和要素保障，汇聚数字创新资源，推动数字科技成果孵化转化，建设数字应用场景，培育数字经济创新型企业，招引重点项目，打造数字产业集群。

推动产业数字化转型。深化数字技术在研发设计、生产制造、经营管理、市场服务等产业链关键环节的应用，强化数字化服务资源对接、定制化系统解决方案开发、测试试验等服务，形成一批数字化转型推广模式和标杆企业。

建设园区大数据平台。结合产业特色和运营需求，建设产业、创新创业、政务服务等大数据平台，整合打通各部门数据，优化提升企业发展、产业招商、社会民生、应急管理等精准数据监测、管理与服务。

（七）强化区域协同与辐射带动

1. 构建区域创新增长极

强化国家高新区对国际科技创新中心、区域科技创新中心等的服务支撑作用。支持园区整合或托管区位相邻、产业互补的省级高新区或各类工业园区，打造集中连片、协同互补、联合发展的创新共同体。支持国家高新区做实"一区多园"，实现核心园和分园统一规划、统一建设、统一招商、统一管理。鼓励园区探索资源共享与利益平衡机制，示范带动本地及周边区域发展。引导各地依托国家自创区，遴选省内发展基础较好的园区和创新能力较强的龙头企业、科研院所纳入辐射带动范围，探索建立"核心区—辐射区—辐射点"发展格局。加强自创区核心区、辐射区、辐射点的管理与服务，将核心区率先形成的先行先试政策、专项资金向辐射区、辐射点推广共享，提高联动发展水平。

2. 支撑国家区域重大战略

强化国家高新区在城市群和区域一体化发展中的动力引擎作用，更好地服务于京津冀协同发展、长江经济带发展、粤港澳大湾区建设、长三角一体化发展、黄河流域生态保护和高质量发展等国家区域重大战略实施。支持园区探索创新资源开放、关键技术联合攻关、创新平台共建等方式，实现与周边区域创新要素和平台互联互通、产业发展成链成群、科技创新协同协作、公共服务共建共享、政策互融互认，提升区域整体创新能级。

3. 落实区域协调发展战略

鼓励国家高新区开展东西合作和南北互动，优化异地孵化、伙伴园区等多种合作机制，探索解决区域发展不平衡不充分问题的有效路径。支持园区做实飞地经济模式，深入开展"孵化+加速""科技创新+场景应用""产业链供应链协同"等合作，创新商事登记"异地迁移通办"等互认机制，带动中西部地区和欠发达地区创新能力提升与产业转型升级。

专栏8 跨区域园区合作行动

深入落实国家重大区域战略，推动国家高新区实施跨区域园区合作行动，有力支撑东西合作、南北互动，特别是发达地区与特殊类型地区的跨区域合作。

开展多种形式结对子合作。开展人才互派、产业互促、基金共建、创新资源共享、产学研协同等多种合作方式，定期组织主题对接活动，强化经验交流共享。积极探索分园、飞地经济等方式，建设合作载体。

建立完善利益共享机制。创新跨区域的资源优化组合制度，积极探索产值分计、跨区域布局企业税收分成、共建园区开发建设收益分成等市场导向的利益共享机制。

探索跨区域合作政策创新。探索科技创新券通用通兑、科技创新平台与科技专家库共享共用、人才评价标准互认、科技成果跨区域转化等。

（八）深化园区开放合作

1. 集聚国际高端创新资源

支持国家高新区持续吸引国际知名大学、高水平研发机构、知名风投、高层次人才等高端创新资源。鼓励园区内企业开展国际科技交流合作，支持园区建设国际合作园、国际技术转移中心等国际科技合作平台。支持外资企业在园区设立研发中心和参与承担科技计划项目。鼓励园区整合全球创新资源，建设海外研发中心、离岸创新中心等，通过"海外研发—国内转化、海外孵化—国内加速"等方式，加强与国际创新产业高地联动发展，推动与境外经贸合作区协同发展。

2. 推进高水平"走出去"

鼓励国家高新区各类主体"走出去"，积极参与国际大科学计划和大科学工程、国际科技合作项目等。支持企业开展知识产权全球布局，参与国际标准创制活动。鼓励区内企业积极拓展新兴市场，设立海外研发机构，开展产业链合作、跨国并购、数字贸易，扩大高新技术产品和服务输出。

3. 深度融入共建"一带一路"

引导国家高新区积极响应"一带一路"倡议，与共建"一带一路"国家探索开展多种形式的国际园区合作，共享中国高新区建设的成功经验。积极推进共建"一带一路"科技人文交流、技术交流、科技园区合作等任务的协调联动，打造"一带一路"开放合作新高地，促进共同发展。

专栏9 "一带一路"园区国际合作行动

深度融入共建"一带一路"大格局，推动国家高新区实施"一带一路"园区国际合作行动，实现互利共赢。

共建国际科技合作园区。统筹推进各类科技合作平台建设，与共建"一带一路"国家联合建设跨境经济合作园、海外科技园等载体，积极布局联合研发、制造集成、技术对接等合作平台，促进创新要素流动开放。

支持企业高水平"走出去"。支持区内企业投资和经营"一带一路"基础设施建设项目、国际产能合作项目等。完善跨境投融资体系，进一步优化国际结算、贸易融资、跨境资金管理等服务，深化企业经贸合作。

探索国际开放政策。对标区域全面经济伙伴关系协定、全面与进步跨太平洋伙伴关系协定等国际公认高标准经贸规则，加大对外开放压力测试，探索若干与国际接轨的制度创新试点。

（九）提升创新治理水平

1. 优化市场化法治化国际化营商环境

支持国家高新区进一步深化"放管服"改革，推进投资项目审批改革，实行企业投资项目承诺制、容缺受理制，减少不必要的行政干预和审批备案事项。鼓励园区进一步深化商事制度改革，全面推行"证照分离""照后减证"改革，放宽市场准入，推进企业简易注销登记改革，创新事前事中事后信用监管。引导园区建立健全法治体系，积极推进经济活动多层次多领域依法治理，强化安全生产责任，营造良好安全环境。探索建立与国际投资和贸易通行规则相衔接的政务服务、知识产权保护体系，形成更具国际竞争力的营商环境。

2. 强化政策创新与先行先试

支持中关村落实新一轮先行先试改革措施。支持国家高新区围绕新兴产业监管、成果转化与股权激励、人才引进流动、新型融资模式、知识产权评估与交易、新型产业用地、跨区域互认等重点方向，强化政策创新与先行先试，推动重点领域项目、基地、人才、资金一体化配置。支持园区复制推广国家自创区等相关改革试点政策。支持园区按照监管合规和风险可控原则，探索"沙盒监管"机制，建立和完善容错免责事前备案制度。鼓励各类主体参与园区产业发展、创新创业、社会治理等，建立多元共治模式。鼓励地方政府在事权范围内大胆创新，落实"三个区分开来"要求，完善试错机制，做好容错纠错工作。

3. 持续深化管理体制机制改革

支持国家高新区积极承接省级、市级经济管理权限下放，建立与省级有关部门直通车制度。支持地方出台高新区条例，更好保障和促进园区持续发展。支持园区因地因时探索适合自身发展条件和水平的管理体制，优化内部管理架构。鼓励有条件的园区探索岗位管理制度，实行聘用制和绩效工资制度，建立完善符合实际的分配激励和考核机制。支持园区开发建设主体完善市场化经营机制，推进混合所有制改革和上市融资。

4. 优化配套服务功能

支持国家高新区深入推进产城融合发展，完善教育、医疗、养老、托育、商务、文化、娱乐、体育等公共服务设施。鼓励园区创新公共服务供给机制，建立健全主体多元化、方式多样化的公共服务制度体系。引导园区开展城市更新，建设创新资源集聚、双创服务完善、科技人才密集的产业社区、创新社区、国际科创社区等，构筑美好生活新图景。

二、保障措施

(一) 加强组织领导管理

坚持党的领导，充分发挥党的各级组织在推进国家高新区发展中的领导作用和战斗堡垒作用。充分发挥国家科技管理部门宏观引导和省级科技管理部门业务指导作用。各有关省级人民政府要将国家高新区作为实施创新驱动发展战略的重要载体，加强对省内国家高新区规划建设、产业发展和创新资源配置的统筹。国家高新区所在地市级人民政府要切实承担国家高新区建设的主体责任，加强国家高新区领导班子配备和干部队伍建设，并给予国家高新区充分的财政、土地等政策保障。

(二) 深化园区分类指导

坚持高质量发展标准，根据不同地区、不同阶段、不同资源禀赋等情况，对国家高新区实行分类管理。支持先进园区建设世界领先科技园区和具有世界影响力的高科技园区；支持创新资源相对富集的园区建设创新型科技园区；支持主导产业和发展模式突出的园区建设创新型特色园区。引导园区强化数据统计、运行监测和绩效评价，创新完善土地集约利用状况评价。建立动态管理和淘汰机制，对评价考核结果好的园区予以通报表扬；对评价考核结果较差的园区通过约谈、通报等方式予以警告；对整改不力的园区予以撤销，退出国家高新区序列。

（三）实施若干关键行动

围绕创新驱动高质量发展要求，在国家高新区组织开展科教资源集聚区建设、应用场景建设、未来产业培育、高水平科技创业促进、科技与金融深度融合、园区绿色发展、数字园区建设、跨区域园区合作、"一带一路"园区国际合作等行动。科技部发挥牵头引导作用，推动中央和地方的通力协作，充分调动地方积极性，促进关键行动落实。各园区要结合实际研究具体落实举措，明确任务目标，确保有序推进。

（四）完善规划落实机制

本规划实施范围为国务院和省级人民政府依法审批的国家高新区规划范围。要加强对规划实施的组织、协调和督导，建立健全规划实施监测评估、考核监督机制，根据实际情况对规划与考核目标进行合理调整或修订。开展规划实施情况年度监测、中期评估和总结评估，鼓励开展第三方评估，强化监测评估结果应用。

三、国家高新技术产业开发区综合评价指标体系

附表2　国家高新技术产业开发区综合评价指标体系

一级指标	二级指标	赋权
创新能力和创业活跃度（20%）	1.1 国家级和省级研发机构数	0.8
	1.2 从业人员中研发人员全时当量数占比	1.2
	1.3 研发经费内部支出占营业收入比例	1.2
	1.4 每万人当年发明专利授权数	1.2
	1.5 当年每千万研发经费支出的发明专利申请数	1.2
	1.6 国家级创业服务机构数	0.8
	1.7 当年新注册企业数	0.8

续表

一级指标	二级指标	赋权
创新能力和创业活跃度（20%）	1.8 当年登记入信息库的科技型中小企业数*	0.8
	1.9 当年孵化器、加速器和大学科技园内新增在孵企业数	0.8
	1.10 园区管委会营造创新创业环境及发展导向符合国家总体要求评价	1.2
结构优化和产业价值链（20%）	2.1 营业收入中高技术服务业营收占比	1.0
	2.2 从业人员中本科及以上学历人员占比	1.2
	2.3 人均技术合同成交额	1.0
	2.4 当年净增营业收入	0.8
	2.5 企业利润率	1.0
	2.6 当年净增高新技术企业数*	0.8
	2.7 当年获得风险投资的企业数	0.8
	2.8 企业每100亿元营业收入所含有效发明专利数和注册商标数	1.0
	2.9 企业增加值率	1.2
	2.10 园区推动产业技术创新、自立自强、保证供应链自主可控的政策措施和成效评价	1.2
绿色发展和宜居包容性（15%）	3.1 单位增加值综合能耗*	1.2
	3.2 园区二氧化碳排放量增长率	1.0
	3.3 园区总绿地率	1.2
	3.4 园区各级医院和各类学校数	0.8
	3.5 当年净增从业人员数	0.8
	3.6 单位增加值中从业人员工资性收入占比	1.0
	3.7 从业人员平均月工资性收入与当地每平方米房价的比例	1.0
	3.8 园区管委会当年可支配财力	0.8
	3.9 园区促进产城融合、以人为本、共享发展与生态环保、绿色发展、引领示范作用评价	1.2
开放创新和国际竞争力（15%）	4.1 设立境外研发机构（含境外孵化器）的内资控股企业数	0.8
	4.2 企业引进技术、消化吸收再创新和境内外产学研合作经费支出总额占营业收入比例	1.2
	4.3 当年获得境外注册商标或境外发明专利授权的内资控股企业数	0.8
	4.4 当年新增主导制定国际标准的内资控股企业数	0.8

续表

一级指标	二级指标	赋权
开放创新和 国际竞争力 （15%）	4.5 出口总额中技术服务出口占比*	1.0
	4.6 营业收入中高新技术企业出口总额占比	1.2
	4.7 从业人员中外籍常驻人员和留学归国人员占比	1.2
综合质效和 持续创新力 （30%）	5.1 园区全口径增加值占所在城市 GDP 比例	1.0
	5.2 全员劳动生产率的增长率	1.2
	5.3 当年内部研发投入强度达 5%企业的营收合计占营业收入比例	1.2
	5.4 营业收入中数字产业相关企业营收合计占比	1.0
	5.5 当年新晋高成长（瞪羚企业）企业数	0.8
	5.6 当年在境内外上市（不含新三板）企业数*	0.8
	5.7 当年内部研发投入强度达 5%且营业收入超 5 亿元的企业数	0.8
	5.8 拥有国家级研发机构的企业数	0.8
	5.9 园区抓党建守规矩、权责健全、体制机制创新、先行先试以及 依法施政、严管安全生产、建设平安社区评价	1.2
	5.10 园区参与评价所报数据和相关材料的及时性、准确性以及重视 火炬统计工作的评价	1.2

附录三：我国国家高新区及国家自主创新示范区一览

区域	数量	省份	数量	高新区名称	获批年份	"三类园区"类型	国家自主创新示范区	
							示范区名称	获批年份
东部	70+1	北京	1	中关村科技园	1988	世界一流高科技园区	北京中关村国家自主创新示范区	2009
		天津	1	天津滨海高新技术产业开发区	1991	创新型科技园区	天津国家自主创新示范区	2014
		上海	2	上海张江高新技术产业开发区	1992	世界一流高科技园区	上海张江国家自主创新示范区	2011
				上海紫竹高新技术产业开发区	2011		上海张江国家自主创新示范区	2014
		河北	5	石家庄高新技术产业开发区	1991	创新型特色园区		
				保定国家高新技术产业开发区	1992	创新型特色园区		
				唐山高新技术产业开发区	2010			
				燕郊高新技术产业开发区	2010			
				承德高新技术产业开发区	2012			

续表

区域	数量	省份	数量	高新区名称	获批年份	"三类园区"类型	国家自主创新示范区 示范区名称	获批年份
东部	70+1	山东	13	威海火炬高技术产业开发区	1991	创新型科技园区	山东半岛国家自主创新示范区	2016
				济南高新技术产业开发区	1991	创新型科技园区	山东半岛国家自主创新示范区	2016
				青岛高新技术产业开发区	1992	创新型科技园区	山东半岛国家自主创新示范区	2016
				淄博高新技术产业开发区	1992	创新型科技园区	山东半岛国家自主创新示范区	2016
				潍坊高新技术产业开发区	1992	创新型科技园区	山东半岛国家自主创新示范区	2016
				济宁高新技术产业开发区	2010			
				烟台高新技术产业开发区	2010	创新型特色园区	山东半岛国家自主创新示范区	2016
				临沂高新技术产业开发区	2011			
				泰安高新技术产业开发区	2012			
				枣庄高新技术产业开发区	2015			
				莱芜高新技术产业开发区	2015			
				德州高新技术产业开发区	2015			
				黄河三角洲农业高新技术产业示范区	2015	国家农高区		
		江苏	18+1	南京国家高新技术产业开发区	1991	创新型特色园区	苏南国家自主创新示范区	2014
				苏州国家高新技术产业开发区	1992	创新型科技园区	苏南国家自主创新示范区	2014

续表

区域	数量	省份	数量	高新区名称	获批年份	"三类园区"类型	国家自主创新示范区	
							示范区名称	获批年份
东部	70+1	江苏	18+1	无锡国家高新技术产业开发区	1992	创新型科技园区/创新型特色园区	苏南国家自主创新示范区	2014
				常州国家高新技术产业开发区	1992	创新型科技园区	苏南国家自主创新示范区	2014
				泰州医药高新技术产业开发区	2009			
				昆山高新技术产业开发区	2010		苏南国家自主创新示范区	2014
				武进高新技术产业开发区	2010	创新型特色园区		
				江阴高新技术产业开发区	2011	创新型特色园区	苏南国家自主创新示范区	2014
				徐州国家高新技术产业开发区	2012			
				武进高新技术产业开发区	2012		苏南国家自主创新示范区	2014
				南通高新技术产业开发区	2013			
				镇江高新技术产业开发区	2014		苏南国家自主创新示范区	2014
				盐城高新技术产业开发区	2015			
				连云港高新技术产业开发区	2015			
				扬州国家高新技术产业开发区	2015			
				常熟高新技术产业开发区	2015			
				淮安国家高新技术产业开发区	2017			
				宿迁国家高新技术产业开发区	2017			
				苏州工业园	2006	世界一流高科技园区/开放创新综合试验区	苏南国家自主创新示范区	2014

续表

区域	数量	省份	数量	高新区名称	获批年份	"三类园区"类型	国家自主创新示范区	
							示范区名称	获批年份
东部	70+1	浙江	8	杭州高新技术产业开发区	1991	世界一流高科技园区	杭州国家自主创新示范区	2015
				宁波高新技术产业开发区	2007	创新型科技园区	宁波、温州国家自主创新示范区	2018
				绍兴高新技术产业开发区	2010			
				温州高新技术产业开发区	2012		宁波、温州国家自主创新示范区	2018
				衢州高新技术产业开发区	2013			
				萧山临江高新技术产业开发区	2015		杭州国家自主创新示范区	
				嘉兴秀洲高新技术产业开发区	2015			
				湖州莫干山高新技术开发区	2015			
		福建	7	福州高新技术产业开发区	1991		福厦泉国家自主创新示范区	2016
				厦门火炬高技术产业开发区	1991	创新型科技园区	福厦泉国家自主创新示范区	
				泉州高新技术产业开发区	2010		福厦泉国家自主创新示范区	
				漳州高新技术产业开发区	2013			
				莆田国家高新技术产业开发区	2012			
				龙岩高新技术产业开发区	2015			
				三明高新技术产业开发区	2015			

续表

区域	数量	省份	数量	高新区名称	获批年份	"三类园区"类型	国家自主创新示范区	
							示范区名称	获批年份
东部	70+1	广东	14	广州高新技术产业开发区	1991	世界一流高科技园区	珠三角国家自主创新示范区	2015
				深圳高新技术产业开发区	1991	世界一流高科技园区	深圳国家自主创新示范区	2014
				中山火炬高技术产业开发区	1991	创新型科技园区	珠三角国家自主创新示范区	2015
				佛山高新技术产业开发区	1992	创新型特色园区	珠三角国家自主创新示范区	2015
				惠州仲恺高新技术产业开发区	1992	创新型特色园区	珠三角国家自主创新示范区	2015
				珠海高新技术产业开发区	1992		珠三角国家自主创新示范区	2015
				东莞松山湖高新技术产业开发区	2010		珠三角国家自主创新示范区	2015
				肇庆高新技术产业开发区	2010		珠三角国家自主创新示范区	2015
				江门国家高新技术产业开发区	2010	创新型特色园区	珠三角国家自主创新示范区	2015
				河源市高新技术开发区（源城）	2015			
				清远高新技术产业开发区	2015			
				汕头高新技术产业开发区	2017			
				湛江高新技术产业开发区	2018			
				茂名高新技术产业开发区	2018			
		海南	1	海口高新技术产业开发区	1991			

区域	数量	省份	数量	高新区名称	获批年份	"三类园区"类型	国家自主创新示范区 示范区名称	获批年份
中部	49	河南	10	郑州高新技术产业开发区	1991	创新型科技园区	郑洛新国家自主创新示范区	2016
				洛阳高新技术产业开发区	1992	创新型科技园区	郑洛新国家自主创新示范区	2016
				安阳高新技术产业开发区	2010	创新型特色园区		
				南阳高新技术产业开发区	2010			
				新乡高新技术产业开发区	2012		郑洛新国家自主创新示范区	2016
				平顶山高新技术产业开发区	2015			
				焦作高新技术产业开发区	2015			
				信阳高新技术产业开发区	2022			
				许昌高新技术产业开发区	2022			
		山西	2	太原国家高新技术产业开发区	1991			
				长治高新技术产业开发区	2015			
		安徽	8	合肥高新技术产业开发区	1991	世界一流高科技园区	合芜蚌国家自主创新示范区	2016
				蚌埠高新技术产业开发区	2010	创新型特色园区	合芜蚌国家自主创新示范区	2016
				芜湖高新技术产业开发区	2010		合芜蚌国家自主创新示范区	2016

续表

区域	数量	省份	数量	高新区名称	获批年份	"三类园区"类型	国家自主创新示范区	
							示范区名称	获批年份
中部	49	安徽	8	马鞍山慈湖高新技术产业开发区	2012			
				铜陵狮子山高新技术产业开发区	2017			
				淮南高新技术产业开发区	2018			
				滁州高新技术产业开发区	2022			
				安庆高新技术产业开发区	2022			
		湖北	12	武汉东湖新技术开发区	1991	世界一流高科技园区	武汉东湖国家自主创新示范区	2009
				襄阳高新技术产业开发区	1992	创新型特色园区		
				宜昌国家高新技术产业开发区	2010	创新型特色园区		
				孝感高新技术产业开发区	2012			
				荆门高新技术产业开发区	2013	创新型特色园区		
				随州高新技术产业园区	2015			
				仙桃高新技术产业开发区	2015			
				咸宁高新技术产业园区	2017			
				黄冈高新技术产业开发区	2017			

续表

区域	数量	省份	数量	高新区名称	获批年份	"三类园区"类型	国家自主创新示范区	
							示范区名称	获批年份
中部	49	湖北	12	荆州高新技术产业开发区	2018			
				黄石大冶湖高新技术产业开发区	2018			
				潜江高新技术产业开发区	2018			
		湖南	9	长沙高新技术产业开发区	1991	创新型科技园区	长株潭国家自主创新示范区	2014
				株洲高新技术产业开发区	1992	创新型特色园区	长株潭国家自主创新示范区	2014
				湘潭国家高新技术产业开发区	2009	创新型特色园区	长株潭国家自主创新示范区	2014
				益阳高新技术产业开发区	2011			
				衡阳国家高新技术产业开发区	2012			
				郴州高新技术产业开发区	2015			
				常德高新技术产业开发区	2017			
				怀化高新技术产业开发区	2018			
				宁乡高新技术产业开发区	2022			
		江西	9	南昌高新技术产业开发区	1991		鄱阳湖国家自主创新示范区	2019
				新余高新技术产业开发区	2010		鄱阳湖国家自主创新示范区	2019

续表

区域	数量	省份	数量	高新区名称	获批年份	"三类园区"类型	国家自主创新示范区	
							示范区名称	获批年份
中部	49	江西	9	景德镇高新技术产业开发区	2010		鄱阳湖国家自主创新示范区	2019
				鹰潭国家高新技术产业开发区	2012		鄱阳湖国家自主创新示范区	2019
				抚州高新技术产业开发区	2015		鄱阳湖国家自主创新示范区	2019
				吉安高新技术产业园区	2015		鄱阳湖国家自主创新示范区	2019
				赣州高新技术产业园区	2015		鄱阳湖国家自主创新示范区	2019
				宜春丰城高新技术产业开发区	2018			
				九江共青城高新技术产业园区	2018			
西部	43	内蒙古	3	包头稀土高新技术产业开发区	1992	创新型特色园区		
				呼和浩特金山高新技术产业开发区	2013			
				鄂尔多斯高新技术产业园区	2017			
		陕西	7	西安高新技术产业开发区	1991	世界一流高科技园区	西安国家自主创新示范区	2015
				杨凌农业高新技术产业示范区	1997	国家农业高新技术产业示范区		
				宝鸡高新技术产业开发区	1992	创新型科技园区		
				渭南高新技术产业开发区	2010			
				榆林高新技术产业开发区	2012			
				咸阳高新技术产业园区	2012			
				安康高新技术产业开发区	2015			

区域	数量	省份	数量	高新区名称	获批年份	"三类园区"类型	国家自主创新示范区	
							示范区名称	获批年份
西部	43	广西	4	桂林高新技术产业开发区	1991	创新型特色园区		
				南宁高新技术产业开发区	1992	创新型特色园区		
				柳州高新技术产业开发区	2010	创新型特色园区		
				北海高新技术产业开发区	2015			
		云南	3	昆明高新技术产业开发区	1992	创新型特色园区		
				玉溪国家高新技术产业开发区	2012			
				楚雄高新技术产业开发区	2018			
		四川	8	成都高新技术产业开发区	1991	世界一流高科技园区	成都国家自主创新示范区	2015
				绵阳高新技术产业开发区	1992			
				自贡国家高新技术产业开发区	2011			
				乐山高新技术产业开发区	2012			
				泸州高新技术产业开发区	2015	创新型特色园区		
				德阳高新技术产业开发区	2015			
				攀枝花国家高新技术产业开发区	2015			
				内江高新技术产业园区	2017			

续表

区域	数量	省份	数量	高新区名称	获批年份	"三类园区"类型	国家自主创新示范区 示范区名称	获批年份
西部	43	贵州	3	贵阳高新技术产业开发区	1992			
				安顺高新技术产业开发区	2017			
				遵义高新技术产业开发区	2022			
		重庆	4	重庆高新技术产业开发区	1991		重庆国家自主创新示范区	2016
				璧山高新技术产业开发区	2015			
				荣昌高新技术产业开发区	2018			
				永川高新技术产业开发区	2018			
		甘肃	2	兰州高新技术产业开发区	1991		兰州、白银国家自主创新示范区	2018
				白银高新技术产业开发区	2010		兰州、白银国家自主创新示范区	2018
		青海	1	西宁国家高新技术产业开发区	2010			
		宁夏	2	银川高新技术产业开发区	2010			
				石嘴山高新技术产业开发区	2013			
		新疆	5	乌鲁木齐高新技术产业开发区	1992	创新型特色园区	乌鲁木齐、昌吉、石河子国家自主创新示范区	2018
				昌吉高新技术产业开发区	2010		乌鲁木齐、昌吉、石河子国家自主创新示范区	2018

续表

区域	数量	省份	数量	高新区名称	获批年份	"三类园区"类型	国家自主创新示范区 示范区名称	获批年份
西部	43	新疆	5	石河子高新技术产业开发区	2013		乌鲁木齐、昌吉、石河子国家自主创新示范区	2018
				克拉玛依高新技术产业开发区	2022			
				阿克苏阿拉尔高新技术产业开发区	2023			
		西藏	1	拉萨高新技术产业开发区	2022			
东北	16	黑龙江	3	哈尔滨高新技术产业开发区	1991		哈大齐国家自主创新示范区	2022
				大庆高新技术产业开发区	1992	创新型科技园区	哈大齐国家自主创新示范区	2022
				齐齐哈尔高新技术产业开发区	2010		哈大齐国家自主创新示范区	2022
		吉林	5	长春高新技术产业开发区	1991	创新型科技园区	长春国家自主创新示范区	2022
				吉林高新技术产业开发区	1992			
				延吉高新技术产业开发区	2010			
				长春净月高新技术产业开发区	2012		长春国家自主创新示范区	2022
				通化医药高新技术产业开发区	2013			
		辽宁	8	沈阳高新技术产业开发区	1991		沈大国家自主创新示范区	2016
				大连高新技术产业开发区	1991	创新型特色园区	沈大国家自主创新示范区	2016

续表

区域	数量	省份	数量	高新区名称	获批年份	"三类园区"类型	国家自主创新示范区	
							示范区名称	获批年份
东北	16	辽宁	8	鞍山高新技术产业开发区	1992			
				营口高新技术产业开发区	2010			
				辽阳高新技术产业开发区	2010			
				本溪高新技术产业开发区	2012			
				阜新高新技术产业开发区	2013			
				锦州高新技术产业开发区	2015			

附录四：我国国家农业高新技术产业示范区一览

省份	农业高新技术产业示范区名称	说明及园区基础	获批年份
陕西	杨凌农业高新技术产业示范区	首创国家农高区，纳入国家高新区序列	1997
山东	黄河三角洲农业高新技术产业示范区	山东省东营农业高新技术产业示范区	2015
山西	晋中国家农业高新技术产业示范区	山西省太谷农业高新技术产业示范区	2019
江苏	南京国家农业高新技术产业示范区	南京白马国家农业科技园区	2019
河南	河南周口国家农业高新技术产业示范区	河南周口国家农业科技园区	2022
吉林	吉林长春国家农业高新技术产业示范区	吉林省长春公主岭国家农业科技园区	2022
黑龙江	黑龙江佳木斯国家农业高新技术产业示范区	黑龙江省建三江国家农业科技园区	2022
内蒙古	内蒙古巴彦淖尔国家农业高新技术产业示范区	巴彦淖尔国家农业科技园区	2022
新疆	新疆昌吉国家农业高新技术产业示范区	新疆昌吉国家农业科技园区	2022

附录五：我国国家农业科技园区一览

序号	国家农业科技园区名称	验收时间
1	新疆昌吉国家农业科技园区	2013 年 3 月
2	辽宁辉山国家农业科技园区	2013 年 3 月
3	山东寿光国家农业科技园区	2013 年 3 月
4	河南许昌国家农业科技园区	2013 年 3 月
5	大连金州国家农业科技园区	2013 年 3 月
6	江西井冈山国家农业科技园区	2013 年 3 月
7	广西百色国家农业科技园区	2013 年 3 月
8	江苏常熟国家农业科技园区	2013 年 3 月
9	湖北武汉国家农业科技园区	2013 年 3 月
10	天津津南国家农业科技园区	2013 年 3 月
11	吉林公主岭国家农业科技园区	2013 年 3 月
12	重庆渝北国家农业科技园区	2013 年 3 月
13	宁波慈溪国家农业科技园区	2013 年 3 月
14	内蒙古赤峰国家农业科技园区	2013 年 3 月
15	安徽宿州国家农业科技园区	2013 年 3 月
16	福建漳州国家农业科技园区	2013 年 3 月
17	贵州贵阳国家农业科技园区	2013 年 3 月
18	陕西渭南国家农业科技园区	2013 年 3 月
19	甘肃定西国家农业科技园区	2013 年 3 月
20	北京昌平国家农业科技园区	2013 年 3 月

续表

序号	国家农业科技园区名称	验收时间
21	海南儋州国家农业科技园区	2013 年 3 月
22	四川乐山国家农业科技园区	2013 年 3 月
23	广东广州国家农业科技园区	2013 年 3 月
24	西藏拉萨国家农业科技园区	2013 年 3 月
25	青海西宁国家农业科技园区	2013 年 3 月
26	新疆生产建设兵团石河子国家农业科技园区	2013 年 3 月
27	四川广安国家农业科技园区	2013 年 3 月
28	宁夏吴忠国家农业科技园区	2013 年 3 月
29	河北三河国家农业科技园区	2013 年 3 月
30	江西南昌国家农业科技园区	2013 年 3 月
31	深圳国家农业科技园区	2013 年 3 月
32	上海浦东国家农业科技园区	2013 年 3 月
33	浙江嘉兴国家农业科技园区	2013 年 3 月
34	湖南望城国家农业科技园区	2013 年 3 月
35	云南红河国家农业科技园区	2013 年 3 月
36	辽宁阜新国家农业科技园区	2013 年 3 月
37	青岛即墨国家农业科技园区	2013 年 3 月
38	江苏南京白马国家农业科技园区	2016 年 10 月
39	新疆伊犁国家农业科技园区	2016 年 10 月
40	陕西杨凌国家农业科技园区	2016 年 10 月
41	湖南永州国家农业科技园区	2016 年 10 月
42	广西北海国家农业科技园区	2016 年 10 月
43	北京顺义国家农业科技园区	2016 年 10 月
44	浙江杭州萧山国家农业科技园区	2016 年 10 月
45	四川雅安国家农业科技园区	2016 年 10 月
46	重庆忠县国家农业科技园区	2016 年 10 月
47	河北唐山国家农业科技园区	2016 年 10 月
48	大连旅顺国家农业科技园区	2016 年 10 月
49	新疆生产建设兵团五家渠国家农业科技园区	2016 年 10 月
50	贵州湄潭国家农业科技园区	2016 年 10 月

续表

序号	国家农业科技园区名称	验收时间
51	新疆生产建设兵团阿拉尔国家农业科技园区	2016 年 10 月
52	甘肃天水国家农业科技园区	2016 年 10 月
53	云南昆明石林国家农业科技园区	2016 年 10 月
54	湖北仙桃国家农业科技园区	2016 年 10 月
55	海南三亚国家农业科技园区	2016 年 10 月
56	河南南阳国家农业科技园区	2016 年 10 月
57	江西新余国家农业科技园区	2016 年 10 月
58	安徽芜湖国家农业科技园区	2016 年 10 月
59	辽宁海城国家农业科技园区	2016 年 10 月
60	西藏日喀则国家农业科技园区	2016 年 10 月
61	山东滨州国家农业科技园区	2016 年 10 月
62	内蒙古和林格尔国家农业科技园区	2016 年 10 月
63	山西运城国家农业科技园区	2016 年 10 月
64	青海海东国家农业科技园区	2016 年 10 月
65	山西晋中国家农业科技园区	2016 年 10 月
66	天津滨海国家农业科技园区	2016 年 10 月
67	厦门同安国家农业科技园区	2016 年 10 月
68	深圳国家农业科技园区	2016 年 10 月
69	黑龙江建三江国家农业科技园区	2016 年 10 月
70	江苏淮安国家农业科技园区	2017 年 11 月
71	广东珠海国家农业科技园区	2017 年 11 月
72	山东济宁国家农业科技园区	2017 年 11 月
73	河北邯郸国家农业科技园区	2017 年 11 月
74	四川宜宾国家农业科技园区	2017 年 11 月
75	新疆乌鲁木齐国家农业科技园区	2017 年 11 月
76	湖南岳阳国家农业科技园区	2017 年 11 月
77	山东泰安国家农业科技园区	2017 年 11 月
78	浙江湖州国家农业科技园区	2017 年 11 月
79	广东湛江国家农业科技园区	2017 年 11 月
80	山东烟台国家农业科技园区	2017 年 11 月

续表

序号	国家农业科技园区名称	验收时间
81	河南鹤壁国家农业科技园区	2017 年 11 月
82	江苏盐城国家农业科技园区	2017 年 11 月
83	湖北潜江国家农业科技园区	2017 年 11 月
84	内蒙古乌兰察布国家农业科技园区	2017 年 11 月
85	福建宁德国家农业科技园区	2017 年 11 月
86	宁夏石嘴山国家农业科技园区	2017 年 11 月
87	北京延庆国家农业科技园区	2017 年 11 月
88	甘肃武威国家农业科技园区	2017 年 11 月
89	福建泉州国家农业科技园区	2017 年 11 月
90	湖南湘潭国家农业科技园区	2017 年 11 月
91	宁夏固原国家农业科技园区	2017 年 11 月
92	湖北荆州国家农业科技园区	2017 年 11 月
93	新疆哈密国家农业科技园区	2017 年 11 月
94	吉林通化国家农业科技园区	2017 年 11 月
95	贵州黔西南国家农业科技园区	2017 年 11 月
96	黑龙江大庆国家农业科技园区	2017 年 11 月
97	湖南衡阳国家农业科技园区	2017 年 11 月
98	新疆和田国家农业科技园区	2017 年 11 月
99	重庆璧山国家农业科技园区	2017 年 11 月
100	北京通州国家农业科技园区	2017 年 11 月
101	河南濮阳国家农业科技园区	2017 年 11 月
102	吉林延边国家农业科技园区	2017 年 11 月
103	安徽蚌埠国家农业科技园区	2017 年 11 月
104	浙江金华国家农业科技园区	2017 年 11 月
105	贵州毕节国家农业科技园区	2017 年 11 月
106	黑龙江黑河国家农业科技园区	2017 年 11 月
107	陕西榆林国家农业科技园区	2017 年 11 月
108	安徽铜陵国家农业科技园区	2017 年 11 月
109	云南楚雄国家农业科技园区	2017 年 11 月
110	安徽安庆国家农业科技园区	2017 年 11 月

续表

序号	国家农业科技园区名称	验收时间
111	安徽合肥国家农业科技园区	2017 年 11 月
112	辽宁铁岭国家农业科技园区	2017 年 11 月
113	山西昌梁国家农业科技园区	2017 年 11 月
114	江苏南通国家农业科技园区	2018 年 12 月
115	四川内江国家农业科技园区	2018 年 12 月
116	江西赣州国家农业科技园区	2018 年 12 月
117	山东德州国家农业科技园区	2018 年 12 月
118	江苏无锡国家农业科技园区	2018 年 12 月
119	河北石家庄藁城国家农业科技园区	2018 年 12 月
120	宁波象山国家农业科技园区	2018 年 12 月
121	重庆潼南国家农业科技园区	2018 年 12 月
122	江苏连云港国家农业科技园区	2018 年 12 月
123	重庆丰都国家农业科技园区	2018 年 12 月
124	云南玉溪国家农业科技园区	2018 年 12 月
125	甘肃酒泉国家农业科技园区	2018 年 12 月
126	贵州安顺国家农业科技园区	2018 年 12 月
127	江苏泰州国家农业科技园区	2018 年 12 月
128	云南滇中国家农业科技园区	2018 年 12 月
129	河北沧州国家农业科技园区	2018 年 12 月
130	新疆兵团五一农场国家农业科技园区	2018 年 12 月
131	山东临沂国家农业科技园区	2018 年 12 月
132	湖北荆门国家农业科技园区	2018 年 12 月
133	河南郑州国家农业科技园区	2018 年 12 月
134	河北定州国家农业科技园区	2018 年 12 月
135	安徽滁州国家农业科技园区	2018 年 12 月
136	安徽阜阳国家农业科技园区	2018 年 12 月
137	河南兰考国家农业科技园区	2018 年 12 月
138	安徽淮北国家农业科技园区	2018 年 12 月
139	内蒙古锡盟国家农业科技园区	2018 年 12 月
140	江苏徐州国家农业科技园区	2018 年 12 月

序号	国家农业科技园区名称	验收时间
141	安徽马鞍山国家农业科技园区	2018 年 12 月
142	四川南充国家农业科技园区	2018 年 12 月
143	新疆塔城国家农业科技园区	2018 年 12 月
144	新疆克拉玛依国家农业科技园区	2018 年 12 月
145	湖南怀化国家农业科技园区	2018 年 12 月
146	甘肃张掖国家农业科技园区	2018 年 12 月
147	江西丰城国家农业科技园区	2018 年 12 月
148	河南新乡国家农业科技园区	2018 年 12 月
149	安徽池州国家农业科技园区	2018 年 12 月
150	广东河源国家农业科技园区	2018 年 12 月
151	江西萍乡国家农业科技园区	2018 年 12 月
152	陕西咸阳国家农业科技园区	2018 年 12 月
153	湖南常德国家农业科技园区	2018 年 12 月
154	贵州黔南国家农业科技园区	2018 年 12 月
155	湖南湘西国家农业科技园区	2018 年 12 月
156	陕西宝鸡国家农业科技园区	2018 年 12 月
157	贵州黔东南国家农业科技园区	2018 年 12 月
158	湖北十堰国家农业科技园区	2018 年 12 月
159	陕西汉中国家农业科技园区	2018 年 12 月
160	吉林松原国家农业科技园区	2018 年 12 月
161	江西上饶国家农业科技园区	2018 年 12 月
162	江苏扬州国家农业科技园区	2019 年 11 月
163	山东威海国家农业科技园区	2019 年 11 月
164	河北滦平国家农业科技园区	2019 年 11 月
165	河南周口国家农业科技园区	2019 年 11 月
166	河北辛集国家农业科技园区	2019 年 11 月
167	湖南宁乡国家农业科技园区	2019 年 11 月
168	内蒙古通辽国家农业科技园区	2019 年 11 月
169	广西贺州国家农业科技园区	2019 年 11 月
170	重庆永川国家农业科技园区	2019 年 11 月

续表

序号	国家农业科技园区名称	验收时间
171	新疆温宿国家农业科技园区	2019 年 11 月
172	四川巴中国家农业科技园区	2019 年 11 月
173	西藏那曲国家农业科技园区	2019 年 11 月
174	河南商丘国家农业科技园区	2019 年 11 月
175	山东栖霞国家农业科技园区	2019 年 11 月
176	湖北黄石国家农业科技园区	2019 年 11 月
177	山东邹城国家农业科技园区	2019 年 11 月
178	安徽淮南国家农业科技园区	2019 年 11 月
179	内蒙古巴彦淖尔国家农业科技园区	2019 年 11 月
180	河北固安国家农业科技园区	2019 年 11 月
181	山东菏泽国家农业科技园区	2019 年 11 月
182	宁夏中卫国家农业科技园区	2019 年 11 月
183	陕西铜川国家农业科技园区	2019 年 11 月
184	山东滨城国家农业科技园区	2019 年 11 月
185	河北威县国家农业科技园区	2019 年 11 月
186	河北涿州国家农业科技园区	2019 年 11 月
187	江苏镇江国家农业科技园区	2019 年 11 月
188	山东潍坊国家农业科技园区	2019 年 11 月
189	河北丰宁国家农业科技园区	2019 年 11 月
190	湖南邵阳国家农业科技园区	2019 年 11 月
191	河南驻马店国家农业科技园区	2019 年 11 月
192	福建邵武国家农业科技园区	2019 年 11 月
193	云南大理国家农业科技园区	2019 年 11 月
194	贵州铜仁国家农业科技园区	2019 年 11 月
195	四川遂宁国家农业科技园区	2019 年 11 月
196	北京密云国家农业科技园区	2019 年 11 月
197	青海海西国家农业科技园区	2019 年 11 月
198	贵州赤水国家农业科技园区	2019 年 11 月
199	贵州六盘水国家农业科技园区	2019 年 11 月
200	河北大厂国家农业科技园区	2019 年 11 月

续表

序号	国家农业科技园区名称	验收时间
201	山东聊城国家农业科技园区	2019 年 11 月
202	山东济南国家农业科技园区	2019 年 11 月
203	安徽六安国家农业科技园区	2019 年 11 月
204	重庆涪陵国家农业科技园区	2019 年 11 月
205	四川绵阳国家农业科技园区	2019 年 11 月
206	广东韶关国家农业科技园区	2019 年 11 月
207	安徽宣城国家农业科技园区	2019 年 11 月
208	河南焦作国家农业科技园区	2019 年 11 月
209	福建三明国家农业科技园区	2019 年 11 月
210	湖北宜昌国家农业科技园区	2019 年 11 月
211	甘肃甘南国家农业科技园区	2019 年 11 月
212	陕西西咸国家农业科技园区	2019 年 11 月
213	云南弥勒国家农业科技园区	2019 年 11 月
214	重庆长寿国家农业科技园区	2019 年 11 月
215	湖南郴州国家农业科技园区	2019 年 11 月
216	海南陵水国家农业科技园区	2019 年 11 月
217	黑龙江佳木斯国家农业科技园区	2019 年 11 月
218	青海海北国家农业科技园区	2019 年 11 月
219	甘肃临夏国家农业科技园区	2019 年 11 月
220	河南安阳国家农业科技园区	2019 年 11 月
221	山东莒南国家农业科技园区	2019 年 11 月
222	青海海南国家农业科技园区	2019 年 11 月
223	重庆江津国家农业科技园区	2019 年 11 月
224	内蒙古鄂尔多斯国家农业科技园区	2019 年 11 月
225	新疆生产建设兵团胡杨河国家农业科技园区	2019 年 11 月
226	甘肃白银国家农业科技园区	2019 年 11 月
227	山东枣庄国家农业科技园区	2019 年 11 月
228	安徽亳州国家农业科技园区	2019 年 11 月
229	河南漯河国家农业科技园区	2019 年 11 月
230	辽宁锦州国家农业科技园区	2019 年 11 月

续表

序号	国家农业科技园区名称	验收时间
231	新疆沙湾国家农业科技园区	2019 年 11 月
232	江西宜春国家农业科技园区	2019 年 11 月
233	上海崇明国家农业科技园区	2019 年 11 月
234	北京房山国家农业科技园区	2019 年 11 月
235	福建龙岩国家农业科技园区	2019 年 11 月
236	云南保山国家农业科技园区	2019 年 11 月
237	云南宣威国家农业科技园区	2019 年 11 月
238	吉林白山国家农业科技园区	2019 年 11 月
239	北京平谷国家农业科技园区	2021 年 12 月
240	河北衡水国家农业科技园区	2021 年 12 月
241	内蒙古包头国家农业科技园区	2021 年 12 月
242	辽宁台安国家农业科技园区	2021 年 12 月
243	辽宁朝阳国家农业科技园区	2021 年 12 月
244	吉林辽源国家农业科技园区	2021 年 12 月
245	黑龙江绥化国家农业科技园区	2021 年 12 月
246	上海金山国家农业科技园区	2021 年 12 月
247	江苏宿迁国家农业科技园区	2021 年 12 月
248	浙江安吉国家农业科技园区	2021 年 12 月
249	浙江温州国家农业科技园区	2021 年 12 月
250	安徽小岗国家农业科技园区	2021 年 12 月
251	江西九江国家农业科技园区	2021 年 12 月
252	山东莱芜国家农业科技园区	2021 年 12 月
253	河南信阳国家农业科技园区	2021 年 12 月
254	湖北襄阳国家农业科技园区	2021 年 12 月
255	湖北孝感国家农业科技园区	2021 年 12 月
256	湖南张家界国家农业科技园区	2021 年 12 月
257	广东江门国家农业科技园区	2021 年 12 月
258	广东茂名国家农业科技园区	2021 年 12 月
259	广西来宾国家农业科技园区	2021 年 12 月
260	广西玉林国家农业科技园区	2021 年 12 月

续表

序号	国家农业科技园区名称	验收时间
261	重庆铜梁国家农业科技园区	2021 年 12 月
262	重庆酉阳国家农业科技园区	2021 年 12 月
263	四川德阳国家农业科技园区	2021 年 12 月
264	云南普洱国家农业科技园区	2021 年 12 月
265	云南文山国家农业科技园区	2021 年 12 月
266	西藏林芝国家农业科技园区	2021 年 12 月
267	陕西商洛国家农业科技园区	2021 年 12 月
268	甘肃庆阳国家农业科技园区	2021 年 12 月
269	新疆博尔塔拉国家农业科技园区	2021 年 12 月
270	新疆兵团第二师铁门关国家农业科技园区	2021 年 12 月
271	天津宝坻国家农业科技园区	2023 年 5 月
272	河北张家口国家农业科技园区	2023 年 5 月
273	山西大同国家农业科技园区	2023 年 5 月
274	内蒙古自治区兴安盟国家农业科技园区	2023 年 5 月
275	辽宁桓仁国家农业科技园区	2023 年 5 月
276	黑龙江齐齐哈尔国家农业科技园区	2023 年 5 月
277	江苏常州国家农业科技园区	2023 年 5 月
278	江苏响水国家农业科技园区	2023 年 5 月
279	浙江衢州国家农业科技园区	2023 年 5 月
280	安徽临泉国家农业科技园区	2023 年 5 月
281	安徽黄山国家农业科技园区	2023 年 5 月
282	江西景德镇国家农业科技园区	2023 年 5 月
283	山东日照国家农业科技园区	2023 年 5 月
284	山东淄博国家农业科技园区	2023 年 5 月
285	湖北咸宁国家农业科技园区	2023 年 5 月
286	湖南益阳国家农业科技园区	2023 年 5 月
287	广东云浮国家农业科技园区	2023 年 5 月
288	广西南宁国家农业科技园区	2023 年 5 月
289	重庆武隆国家农业科技园区	2023 年 5 月
290	重庆梁平国家农业科技园区	2023 年 5 月

续表

序号	国家农业科技园区名称	验收时间
291	四川成都国家农业科技园区	2023 年 5 月
292	陕西安康国家农业科技园区	2023 年 5 月
293	甘肃平凉国家农业科技园区	2023 年 5 月
294	青海黄南国家农业科技园区	2023 年 5 月
295	新疆青河国家农业科技园区	2023 年 5 月

注：1）山西太原国家农业科技园区、山东东营国家农业科技园区、黑龙江哈尔滨国家农业科技园区 2019 年 11 月退出序列；

2）宁夏银川国家农业科技园区、广西桂林国家农业科技园区 2021 年 12 月取消国家农业科技园区资格；

3）河南郑州国家农业科技园区 2023 年 1 月取消国家农业科技园区资格；

4）北京房山、江西宜春、广东韶关、海南陵水、云南宣威、云南大理、陕西西咸、青海海南 8 家国家农业科技园区 2021 年 12 月综合评估结果为"不达标"，进入整改阶段。

后 记

本书是在广西科技计划项目（广西科技发展战略研究专项课题）"广西引领性区域创新高地的识别与培育路径及对策研究"（课题合同编号：桂科 ZL22064012）课题研究主要成果基础上撰写的。本书基于创新地理学、区域创新系统的基本理论构建研究框架，围绕广西引领性区域创新高地识别与培育的空间布局、评价体系、识别分析、培育路径、政策措施等主要方面加以全面研究，提出"创新功能区（高新区、农高区等）→创新城区→创新城市→城市群创新→创新走廊"的广西引领性区域创新高地培育发展总路径以及"创新区提升""全域创新总体格局优化"和"G72-G75 创新走廊"三个关键路径，为揭示引领性区域创新高地建设的理论图谱提供了新的视角，为我国"创新高地"建设的实践探索提供了现实参考。

基于课题研究的需要，课题组成员开展了卓有成效的工作，为本书的成稿打下了坚实基础。在课题研究和结题过程中，硕士研究生尹彤、江小芳、黄涛在课题研究总结报告的初稿撰写、相关研究论文撰写中付出了大量劳动，特别是尹彤、江小芳在创新高地评价和识别的数据收集和处理方面花费了很大精力；此外，在书稿校审过程中，硕士研究生熊云安、林诗晴参与了文字校对工作，笔者对此表示感谢。

本书的出版得到桂林理工大学商学院的出版经费支持，是广西科技智库"广西资源环境科技创新与绿色低碳发展研究智库"和广西高校人文社会科学重点研究基地"广西碳管理与绿色发展研究院"的研究成果，在此一并表示感谢。

本书的撰写过程中，吸收了大量前辈和同行的研究成果，这些研究成果为本书提供了坚实的理论基石和灿烂的思想火花，笔者对此表示衷心的感谢。

本书能够出版，离不开经济管理出版社编辑老师的辛勤工作，感谢他们的帮助。

最后，笔者虽已努力，但能力有限，书稿难免存在不足之处。对此，恳请专家和读者不吝指正！

王兴中

2025 年春于广西桂林·屏风山麓